从报表看舞弊

财务报表分析与风险识别

FINANCIAL FRAUD

叶金福 著

机械工业出版社
China Machine Press

图书在版编目（CIP）数据

从报表看舞弊：财务报表分析与风险识别 / 叶金福著 . —北京：机械工业出版社，2018.1
（2025.1 重印）

ISBN 978-7-111-58925-9

I. 从⋯ II. 叶⋯ III. 会计报表 - 会计分析 IV. F231.5

中国版本图书馆 CIP 数据核字（2018）第 002096 号

本书作者叶金福是某知名会计师事务所合伙人。本书基于他在工作实务中的体会、总结和思考，从报表粉饰、财务操纵和盈余管理的角度，提供一种全新的报表分析思维和方法。

全书首先介绍财务分析的框架和内容；然后讲述财务分析的重点事项，并配有真实案例；最后，讲述财务分析中的财务操纵。

本书适合需要识别舞弊事项的 CPA、金融从业人员、股民等阅读，也是财务人员知己知彼的好帮手。

从报表看舞弊：财务报表分析与风险识别

出版发行：机械工业出版社（北京市西城区百万庄大街 22 号　邮政编码：100037）
责任编辑：冯小妹　　　　　　　　　　　　　责任校对：李秋荣
印　　刷：北京虎彩文化传播有限公司
开　　本：170mm × 242mm　1/16
书　　号：ISBN 978-7-111-58925-9
版　　次：2025 年 1 月第 1 版第 15 次印刷
印　　张：14.25
定　　价：49.00 元

客服电话：（010）88361066　68326294

财务报表分析的理论是共通的，但基于不同应用方向上的不同视角，又可以形成一些各具特色的分析方法。叶金福撰写的这本财务分析书，基于他在工作实务中的体会、总结和思考，独辟蹊径，为我们提供了一套特征非常鲜明的财务分析方法，充分体现了作者深厚的理论功底和扎实的专业基础。

本书逻辑结构严谨，行文通畅，内容具有以下几个突出特点：

第一，明确提出了财务报表分析的核心是"财务数据与非财务数据的相互印证"，并持续围绕这个核心展开论述，旨在强调财务报表的分析必须深入到企业所处的行业特征以及经营模式的特点。

第二，始终强调发现并应对财务操纵在财务分析中的重要性。在整体论述中，不但将财务操纵作为与财务质量并列的分析内容，而且通过分析财务操纵的风险特征和财务特征，提出了发现财务舞弊的方法论；本书还讨论了如何看待盈余管理，为什么"抓不住"财务舞弊等实务中常见的困惑。

第三，提出了一些原创性的概念。例如，会计方法中的"可控性"、判断盈利能力的"核心利润"、发现舞弊中的"舞弊恒等式"等，这些概念可能还需要在理论和实务中进一步验证，但无疑是很新颖且独到的提法。

2017 年 5 月，厦门国家会计学院联合厦门大学会计系、厦门天健咨询公司、深圳东方富海投资管理公司、致同会计师事务所和深圳商集企业服务公司（唯你网），共同发起设立了"中国财务舞弊研究中心"。我们很荣幸聘请叶金福作为该中心的特约研究员。对财务舞弊的研究离不开对财务报表分析的研究，所以，很高兴看到叶金福从他的角度做出一些相关的成果。源自实务的理论才能更好地指导实务，衷心希望他能够在理论和实务相结合的道路上行稳致远。

相信本书定能从报表粉饰（window dressing）、财务操纵（financial manipulation）和盈余管理（earnings management）的角度，给广大读者提供一种全新的报表分析思维和方法。

厦门国家会计学院院长　黄世忠教授

2017 年 12 月

对于国内大型会计师事务所而言，资本市场都是极其重要的业务领域。作为事务所的负责人，我在两个方面思考较多，一是怎样才能更好地防范客户的财务舞弊，让我们避免"无妄之灾"；二是怎样才能利用我们的专业技术，更好地为客户创造除审计之外的价值。

会计师事务所承担着资本市场"看门人"的角色。近年来，上市公司和拟上市公司的财务舞弊案件不断被揭露，以至于社会公众对会计师的诚信和审计执业能力都产生了很大的质疑。

我相信，会计师群体中，协助企业做假的害群之马肯定是极个别的。但事实上，凡被证实的舞弊案，几乎都被认定为重大的审计失败。审计失败有审计程序固有限制的问题，有系统性舞弊难以发现的问题，但一旦被舞弊牵连，会计师所有的辩解都显得十分苍白，结果也往往是于事无补。

推荐序二

除审计之外，咨询业务中的财务舞弊也不能忽视。如果我们在尽职调查委托中未能发现报表存在的舞弊，不单单是影响会计师的声誉，还很可能会导致委托人出现价值误判，从而严重影响其交易决策。

简而言之，不能发现财务报表中存在的财务舞弊，对会计师而言，就是最大的风险，也是最大的失败。

传统的审计业务只是为报表提供合理保证，并不需要对财务质量发表意见。但是，凡是有会计师参与的与资本相关的投融资交易中，多数情况下需要我们协助委托人对财务质量，以及企业价值做出明确的判断。这也正是直接体现"会计创造价值"的领域。与审计不同，这种调查或判断过程是以结果为导向，原则上并不需要遵循类似于审计准则的法定规程。怎样才能在较短的时间内，有效地完成财务质量判断并协助委托人进行更深层次的价值判断，是我们面临的新的挑战。

上述与会计师相关的财务舞弊问题和价值创造问题，需要我们掌握更为有效的方法论并在实务中予以贯彻。而财务报表分析方法，作为规避财务舞弊、判断财务质量的一项技术，理所当然是解决上述问题最为重要的方法之一。

在审计领域，对财务分析的运用，主要是在承接业务之前的调查阶段，以及审计过程中的风险评估阶段，其目的是将发现舞弊的"关口"前移，早发现，早处置。在尽职调查等咨询业务领域，财务分析则是最主要的工具，能帮助会计师有效地发现舞弊，并判断财务质量和企业价值。

财务分析的核心思想是：财务是业务的体现，财务分析是财务和业务相互印证的过程。只有对行业和业务模式有了深入的理解，这种相互印证才能真正有效。

我认为，会计师要提升对财务分析方法的运用能力，主要应从两个方面着手。

一是保持审慎和具备专业常识。很多时候，发现舞弊并不需要高深的技术，保持必要的谨慎和足够的常识就可以了。我们不能对客户进行"有罪推定"，但也不能假装看不到很多客户都具有强烈的利润操纵动机；财务分析方法的本质是"跳出财务看财务"，我们要保持对于业务常识的认知，不符合常识的业务肯定存在问题。

二是力争成为行业专家。会计师大部分是财务及相关专业出身，原本并不精通某个行业的业务，但没有对业务的深入了解，就不可能有效地运用财务分析方法。这就倒逼着我们变"通才"为"专才"，长期沉浸在一个或多个行业之中，即便无法成为真正的行业专家，但我相信不被舞弊蒙蔽还是能够做到的。

我们需要保持对业务的敬畏心，不是什么都能干，什么都敢干，而是守住自己的"能力圈"，把相关业务做精、做透。在没有积累的情况下，盲目地进入不懂或不擅长的业务领域是非常危险的。

最后，回到叶金福的这本书。传统的财务分析一般是以判断财务质量为主要目的，对财务报表的舞弊关注较少。但对实务稍有接触，就知道我们绝对不能对财务报表的真实和公允进行任何的假定。与传统的财务分析不同，这本书所论述的财务分析，明确基于财务操纵的视角，给出了财务分析的整体框架，并用相当大的篇幅分析了发现财务操纵的方法，是非常务实的一种做法，也很好地契合了当前资本市场在财务领域的需要。

"实践出真知"，这本书是叶金福在长期一线工作之中的总结和思考，我相信会给资本市场的财务专业人员带来一些不同的思维和有益的启发。

大华会计师事务所（特殊普通合伙）首席合伙人　梁春

2017 年 12 月于北京

要学当学万人敌

项籍少时，学书不成，去学剑，又不成，项梁怒之。籍曰：书足以记名姓而已。剑一人敌，不足学，学万人敌。项羽所谓的"万人敌"，即兵法，是带有普适性的战争方法论。

一、财务领域的万人敌

在财务会计相关领域的"江湖"中，有没有与兵法类似的"万人敌"呢？我认为，如果有的话，那么财务报表的分析方法一定是该领域的"万人敌"之一。之所以说财务分析方法是带有普适性的财务方法论，主要是考虑其具有以下方面的特征。

1. 重要性和广泛性

财务分析的作用，主要在于规避舞弊风险，判断财务质量和企业价值，财务分析的结论是审计、投资、IPO 或并购上市等重要交易的基础，财务分析方法使用的领域具有重要性和广泛性。

2. 综合性和原则性

财务分析的核心是将财务、业务和行业三个层面的数据进行互相印证，只要能达到有效分析的目的，"兵无常势，水无常形"，并不需要拘泥于固有的形式和程序，技术上具有综合

前　言

性和原则性的特征。"运用之妙，存乎一心"，在实际运用中，财务分析方法受到不同分析者的知识结构、行业经验，甚至性格特征的影响。

在我个人 18 年的财务从业经历中，每天面对的几乎都是资本市场中的上市实体，一个最为深刻的感受，就是很多上市实体，无论其是上市公司、新三板公司、IPO 公司还是拟 IPO 公司等，都具有较强烈的财务操纵动机，直接目的是增加业绩，故财务分析首先要判断出财务报表是否是真实可信的。如果没有这一点，相关分析可能都是徒劳无功的。也正是基于这一点，有效的财务分析在资本市场才具有更加突出的重要性，所以像我这样的财务从业者才需要更好地掌握这种"万人敌"。

二、我的财务分析视角

财务分析本身是财务教科书的范畴，对于写作者而言，这种"庸俗"的内容是非常难写出新意的。决定写这个题目之后，我特意跑到书店，花了半天的时间把书架上的财务分析相关书籍浏览了一下。总的感觉，一是重复教科书的理论知识并没有太大意义；二是基于不同的应用方向，财务分析方法的侧重点应该是不同的。

从书店回来以后，我决定基于自己在实务中的切身体会，独立思考并自创一个实用的财务分析框架体系。"我手写我口，古岂能拘牵"，写书，本来就是一件非常主观、非常自我的事情，不求影响他人，只愿真实地表达出自己的思想。想到这里，也就释然了。

如果说我还算有一些自信的话，那不能不说还有另外一个原因。我于 2014 年 1 月出版的《IPO 财务透视：方法、重点和案例》一书，付梓四年，一印再印，似乎在行业内还有一点反响。本书的多数理念和方法，和上一本书是一脉相承的，想来也不至于犯太大的错误。

2016 年 6 月写下本书的第一部分时，实际上并没有完全考虑清楚整个框架，但经验告诉我，动手写有时候比想破脑袋更重要。所以，先从孤立的章节写起，不过多考虑各章节的逻辑关系，直到过了一年，把财务分析的内容和财务分析的要素两部分定义清楚，并完全理清了它们之间的关系之后，关于整个框架才顿时有了豁然开朗的感觉。

对我而言，本书最大的原创性，不是"核心利润""舞弊恒等式"等自创的概念，而是以对上市实体的财务分析为依托，基于财务操纵的视角，构建出了财务分析"一个核心、两条主线、三个要素、四项内容"的完整框架。之所以基于财务操纵的视角，是因为财务操纵在当前的实务中存在一定的普遍性，而成功识别财务操纵，是进一步发现企业价值并规避交易风险的基础。

写作本书，是希望在财务分析的框架下，能够对我们的财务分析实践有一定的指导作用。本书不是为了"批判"财务操纵，更不是"传授"财务操纵的技巧，而是提供一些发现财务操纵的方法，希望我们在财务分析中不要被"注水"的财务报表所蒙蔽。为了更好地论述相关财务分析方法，本书列举并分析了大量的案例，这些案例所依据的资料全部来自于案例公司的公开信息。

三、本书的核心结论

本书的核心结论，也可以说是本书的"书眼"，可以用以下三条简要概括：

第一条，由于会计方法的可选择性及普遍存在的盈余管理，财务报表本身是不可靠的。

第二条，财务数据和非财务数据的相互印证，是贯穿整个财务分析过程的核心。

第三条，财务报表中的异常毛利率和异常资产，是发现财务舞弊的"双杀"信号。

需要说明的是，这并不是一本关于财务分析的入门教科书，有时候，为了保持必要的深度和整本书的流畅性，我甚至会有意避免去解释一些基本的财务术语。在我的想象中，翻开这本书的人，可能是从事审计工作的会计师，可能是券商的投行人员，可能是从事股权投资的 PE 或 VC 人士，可能是上市实体负责投资或财务的高级管理人员，也可能是希望了解一些财务分析实务的高校教师或高年级学生。总之，这些人有良好的财务基础和相当的实务经验，是财务专业人士，"同心之言，其臭如兰"，我相信他们能在阅读本书的过程中和我形成充分的共鸣。本书尚有许多不足之处，也希望财务专业人士能不吝赐教。

四、致谢

人到中年，生活总是一地鸡毛，一年半的写作过程中，几乎没有大段的时间供我"挥霍"。我只能一改上一本书随心所欲的打法，按月大体做出写作计划，在旅途中，在工作间隙，在睡觉之前，在孩子课外班附近的咖啡馆，只要有略微长一点的空余，马上打开电脑，自绝于人群，争取多码上几个字。不等待灵感，不需要仪式感，也没有了一气呵成的酣畅感，步履蹒跚，几欲迷途，但无论如何，我总算最后完成了它。写作是"苦行僧"般的行走，却也总能让内心感受到孩子一样简单的欢愉。"道虽迩，不行不至"，愿我们出走半生，归来仍是少年。

付梓之际，百感交集。感谢在写作过程中一直支持和帮助我的家人、朋友和伙伴，你们的陪伴和鼓励是我持之以恒的最大动力。感谢苗润生教授、徐珊博士、夏草先生对本书的鼎力推荐，你们的青眼相加，让我深感自豪。特别感谢黄世忠教授、梁春先生为本书拨冗作序，一位是学界泰斗，一位是行业领袖，你们的勉励和提携，必将激励我在理论和实务相结合的道路上砥砺前行。

作者

目　录

第三部分
财务分析中的财务操纵

第一部分

财务分析的框架和内容

第 1 章

财务分析的框架

本书所讨论的财务分析，即财务报表分析，是"我们"作为财务信息使用人，基于财务分析的目的，利用各种相关数据，对财务信息提供人提供的财务报表进行有效的核实、印证和判断，并最终得出明确结论的一种技术。

上述定义，需要回答以下问题。

1.1　我们是谁

我们是外部的财务信息使用人，可能是遵循风险审计导向的注册会计师，主要利用财务分析来揭示审计风险；可能是秉承价值投资理念的投资机构，财务分析是进行财务尽职调查的重要方法；可能是担任上市保荐机构和并购财务顾问的投资银行，财务分析是对财务数据进行"挖掘"和"包装"的必要过程。总之，我们的专业性工作依赖于财务分析技术，故不断提高运用该项技术的能力，可以让我们的工作更加有效率和效果。

财务分析的结果，是我们达成进一步交易的重要基础。对我们而言，财务分析最大的风险是不能发现财务报表中的财务操纵，尤其是重大的财务舞弊。所以，我们的财务分析需要始终基于识别财务操纵的视角。

1.2　财务信息提供人是谁

我们主要针对上市实体进行财务分析，即上市实体是我们的财务信息提供人，是我们分析的标的公司。上市公司、IPO⊖公司、拟通过并购重组实现上市的公司、引入 PE⊜等投资机构的拟 IPO 公司、公开发行债券的公司、新三板⊜挂牌公司等统称为上市实体。与非上市实体比较，上市实体的相关信息相对更公开、更完整、更规范，更有利于我们利用财务分析规避风险、发现价值。

1.3　利用什么相关数据

财务分析中的全部数据，按来源可以分为内部数据和外部数据，按性质

⊖ IPO，首次公开发行股票。在中国大陆首次公开发行 A 股股票，需要中国证监会核准，并在上海证券交易所或深圳证券交易所上市交易。在运作程序上，发行人和中介机构（保荐机构、会计师、律师）将上市申报材料报送到中国证监会，证监会正式受理后由发行监管部进行预审，同时发行人需要公开披露招股说明书（申报稿）并持续更新。预审完成后，由主板或创业板的发行审核委员会召开发审会，通过表决决定是否予以核准。发行人通过发审会并取得证监会出具的发行批文后，即可以在上海证券交易所或深圳证券交易所披露招股说明书（发行稿）并公开发行股票。

⊜ PE，private equity 的缩写，指私募股权投资。在 IPO 申报之前，大部分公司会引入 PE 或其他投资机构。

⊜ 新三板指全国中小企业股份转让系统。在该系统公开挂牌转让的公司，俗称"新三板公司"。按照一定的分层标准，新三板公司又分为基础层和创新层。

可以分为财务数据和非财务数据。我们通过查阅公开信息、布置资料清单、购买行业研究报告，以及现场观察、访谈等各种形式来收集各类相关数据，并把数据进行适当的分类。

作为外部财务信息使用人，我们可能只是外部的分析者，只了解上市实体公开披露的内部数据，也可能是内部的分析者，由于为上市实体提供中介服务或出于尽职调查的原因，掌握了更为翔实甚至是完全开放的内部数据。但是，无论掌握多少内部数据，我们都不是内部数据的直接编制者，更不能想当然地认为我们掌握的数据是真实、完整的。

1.4　财务分析的对象和要素

财务分析的直接对象是财务报表，财务报表可以分解为会计方法、报表科目、财务比率等三项要素。对财务报表进行分析，即对三项要素进行静态和动态的分析与评价。

1.4.1　会计方法

会计方法，即财务报表编制中具体运用的会计政策和会计估计。会计方法的正确性、可控性、可比性，是评价会计方法是否适当的三个标准。

1.4.2　报表科目

报表科目，包括对科目钩稽、科目结构和科目内容等三项内容的分析。

科目钩稽是为了更好地理解数据关系，同时找出财务报表中可能存在的编制错误；科目结构主要指同一报表的表间结构，科目结构与行业特征、经营模式、融资能力等因素相关；对科目内容进行分析，首先需要依据金额、变动、性质及预期偏差等特征确定重点科目。

1.4.3　财务比率

　　财务比率是财务报表上两个数据之间的比率。财务比率可以划分为偿债能力、营运能力、盈利能力、综合能力等四类，其中代表盈利能力的毛利率是财务分析中最为重要的财务比率。

1.5　财务分析的目的和内容

　　财务分析的目的是评价上市实体的财务质量。财务质量，可以分为财务状况、盈利能力和现金流量三个方面。与财务分析的目的相对应，财务分析主要包括对财务状况、盈利能力和现金流量等三项内容的分析。

　　对财务质量的有效分析，需要建立在财务报表真实公允的基础之上，所以，发现财务操纵，是与评价财务质量相并列的一项内容，并贯穿于整个财务分析过程之中。

1.5.1　财务质量评价

1. 财务状况

财务状况包括资产负债结构和资产质量两个方面。

2. 盈利能力

盈利能力主要指标的公司赚取"核心利润"的能力。核心利润，指主营业务在正常生产经营和正常会计核算等基础上所取得的经常性净利润。

盈利质量分析，应建立在"核心利润"基础之上，盈利质量分析的内容，包括盈利水平、盈利结构和盈利趋势三个方面。

3. 现金流量

现金流量表的核心是经营活动现金流量。资产负债表和利润表已经决定了现金流量表，故现金流量正常与否，本质上反映了财务状况和盈利能力是否存在不正常的情况。

1.5.2　财务操纵分析

财务操纵包括舞弊和粉饰（盈余管理）两种情况，重大的舞弊都是管理层组织的系统性造假。我们需要特别关注财务舞弊高发的领域，并以"舞弊恒等式"作为指引，来找出财务报表中存在的舞弊信号并予以应对。

1.6　财务分析的主线和核心

财务分析，即基于对财务质量进行评价的目的，对财务报表的三项要素进行分析的过程。由于缺乏可靠的判断标准，三项要素的静态分析无法直接给出完整有效的结论。

1.6.1　两条分析的主线

基于时间的多期比较是一条趋势性的主线，是横线，有助于分析财务数据的变动过程和走向；基于空间的同行业可比公司比较是一条标杆性的主线，是纵线，有助于分析财务数据的高低差别和成因。所以，横线和纵线构成了财务分析的两条重要主线。

1.6.2　一个分析的核心

财务数据和非财务数据的相互印证是财务分析的核心。

相互印证是一个交互相向的过程，贯穿于静态分析、横向和纵向的动态分析的各个环节之中。一是从非财务到财务，即财务数据是否符合基于非财务数据做出的初步预期；二是从财务到非财务，即实际的财务数据能否得到非财务数据的支持和印证。

1.7　财务分析的过程

在回答了上述问题的基础之上，我们可以总结出财务分析的过程，即在收集有效数据的基础之上，始终把握财务数据和非财务数据相互印证的一个核心，沿着基于时间的横向比较和基于空间的纵向比较两条主线，通过分析财务报表的会计方法、报表科目和财务比率等三类要素，对资产质量、盈利质量、现金流量和财务操纵等四项内容做出具体评价。

这个建立在数据之上的一个核心、两条路径、三类要素和四项内容，即构成了财务分析的框架。

第 2 章

财务分析：一项数据分类的技术

财务分析，是财务数据和非财务数据进行相互印证的过程，如果我们面对的是标的公司的财务明细账或业务流水记录等基础的底层数据，大部分情况下是没有办法进行直接分析的。所以，收集相关的财务数据和非财务数据，并对基础数据进行适当的分类整理，是财务分析中的最基础问题，同时也是最关键问题之一。

2.1 财务分析的数据

财务分析相关的数据，按来源可以分为内部数据和外部数据，按性质可以分为财务数据和非财务数据。财务数据，指来自于标的公司内部的全部财务信息，除此之外的数据全部为非财务数据，既包括来源于公司内部的业务数据；又包括来源于公司外部的所处行业的相关数据、可比公司的相关数据。

2.1.1 财务数据

来自于标的公司内部的财务数据，包括财务报表、会计账簿、记账凭证和原始凭证、纳税资料以及内部会计控制制度等。

2.1.2 非财务数据

除财务数据之外的与财务分析有关的数据，都归类为非财务数据，主要包括业务数据、行业数据、可比公司数据。

2.1.2.1 业务数据

业务数据指产生于标的公司内部的经营相关数据，包括经营模式和由此产生的业务流水数据、业务统计数据及其相应的支持性业务单据，以及核心经营指标。

1. 经营模式和业务数据

经营模式，指经营主体将"人、财、物"等经营要素进行组合，通过"产、供、销"来产生现金流的过程。"人"是员工，"财"是资金，"物"是核心生产条件，"产"是产品或服务的研发、生产或提供的过程，"供"是原材料或外购服务的采购过程，"销"是产品或服务的销售过程。

经营过程所产生的业务数据，可以分为三个层次。第一层次是业务流程，包括主要业务的要素、流程及其相关的内部控制制度，有些制度是成文的，有些则是不成文但是在实际执行的；第二层次是业务记录，即在主要业务流程中，业务部门产生的业务流水的台账记录以及相关的统计数据；第三层次是业务单据，即基于内部控制，相关业务流水产生的原始业务单据。

与经营模式相关的主要业务数据，也就是产生于"人、财、物"和"产、供、销"等六个方面的三个层次的数据，具体如下。

（1）与"人"相关的数据。

包括用工形式、员工人数、员工结构、工资结构、社保缴纳等基本信息，员工和薪酬管理的主要流程、关键内控制度，相关的台账记录，员工劳动合同、工资表等相关的原始单据。

（2）与"财"相关的数据。

包括资金结构、资金来源、资金投向和资金筹集计划等基本信息，资金管理的流程、关键内控制度，相关的台账记录，借款合同、股权融资合同等相关的原始单据。

（3）与"物"相关的数据。

包括核心专利、非专利技术、特许使用权、厂房、生产线、设备等核心资产的信息，相关的资产管理流程、关键内控制度，相关的台账记录，资产的购建、使用过程所产生的原始单据。

（4）与"产"相关的数据。

包括主要原材料、主要能源、主要产品、半成品、副产品和边角料，研发模式、生产模式、产能产量、生产周期等信息，研发、生产过程及关键内部控制，与研发、生产相关的业务台账记录，研发、生产过程产生的立项结项报告、存货出入库单据等相关的原始业务单据。

（5）与"供"相关的数据。

包括采购模式、主要供应商、采购的主要原材料、主要能源等信息，采购结算过程、关键内部控制，与采购相关的业务台账记录，以及供应商评价资料、采购合同、验收入库单、水电费单等相关的原始业务单据。

（6）与"销"相关的数据。

包括销售模式、主要客户、主要新增客户、定价策略等信息，销售收款过程、关键内部控制，与销售相关的业务台账记录，以及客户评价资料、销售合同、产品验收或签收单据、运输单据、工程进度和结算单据等相关的原始业务单据。

2. 核心经营指标

核心经营指标是衡量企业经营能力的行业内公认的关键性非财务指标，

核心经营指标一般与企业的经营业绩高度相关，对业绩有直接驱动性。不同行业存在不同的核心经营指标，以下是几个典型行业。

（1）零售行业的坪效。

计算公式：门店某期间内的营业额除以每单位面积，是最通用的衡量门店经营效益的指标。举个例子，国产手机品牌"小米"的线下门店"小米之家"陆续开业，"小米之家坪效（每平方面积上每天创造的销售额）表现给力，达到了 26 万元，业内仅次于苹果（苹果的坪效是 40 万元）。"⊖该坪效指标足以说明其门店销售的火爆程度。

（2）餐饮行业的翻座率。

计算公式：某期间内的顾客总流量除以该期间内经营天数及平均座位数，是衡量餐厅运行效率的最重要指标。举个例子，知名连锁火锅品牌"呷哺呷哺"，"上半年的翻座率、顾客人均消费等核心指标较去年并未出现明显变化，如今年翻座率为 3.1 倍、顾客人均消费为 47.2 元。"⊜该翻座率指标预示着门店经营平稳。

（3）互联网行业的用户类指标。

主要包括注册用户、付费用户，活跃用户（在某个期间内正常登录的用户，常用日活跃用户和月活跃用户等指标）、用户留存率（第 N 日登录用户数除以第 1 日新增用户数，常用 1 日留存、7 日留存、30 日留存等指标）等指标。互联网行业的盈利模式往往建立在海量用户的基础之上，所以上述用户类指标是最为重要的运营指标。

举个例子，中国最受欢迎的即时通信软件"微信"，"截至 2017 年 6 月底，微信月活跃用户数量达 9.63 亿，比 2016 年同期成长 19.5%，比 2017 年第一季度仅成长 2.7%。"⊜该活跃用户数据足以说明微信强大的市场支配地位。

⊖　http://tech.ifeng.com/a/20171014/44715334_0.shtml.

⊜　http://www.sohu.com/a/167027329_374820.

⊜　http://www.sohu.com/a/190052789_115161.

2.1.2.2　行业数据

1. 所处行业

行业划分，需要依据通用的行业分类指引，具体包括国家统计局发布的《国民经济行业分类（GB-T4754-2011）》、中国证监会发布的《上市公司行业分类指引》、全国中小企业股份转让系统发布的《挂牌公司管理型行业分类指引》和《挂牌公司投资型行业分类指引》。

通用分类标准一般划分的是门类和大类行业，在同一大类行业中，大多数情况下还存在不同的子类行业。与大类行业比较，进一步细分的子类行业的数据更具有相关性和可比性，所以应该优先选用。

2. 所处行业数据

主要包括：行业所处发展阶段，市场规模和趋势，行业主要壁垒，行业的周期性、区域性和季节性特征，行业主要经营模式，技术水准及技术特点，行业上下游状况及在产业链中的地位，主要竞争对手和行业地位，行业核心经营指标，行业相关财务指标。

2.1.2.3　可比公司数据

1. 可比公司

可比公司，指与标的公司处于同一大类行业中的子类行业，具有相同或类似的产品或服务，且对外公开披露相关信息的同行业公司。可比公司一般都是上市实体，可以有一家或多家，其选择标准以行业龙头以及直接竞争对手为宜。

2. 可比公司数据

可比公司数据，主要包括产品特点、品牌形象，生产技术路线、生产用工、采购供应、市场销售等，经营模式的特点、核心经营指标，以及可比公司的财务报表和相关财务指标。可比公司数据，受限于相关可比公司公开披露信息的完备性和准确性。

2.2　数据的获取和分类

财务分析的相关数据繁杂多样，无论在何种场景之下，我们获取数据，都是为了在有限的时间内得出尽可能可靠的分析结论。数据几乎是没有边界的，但时间是有限的，这就需要我们通过通畅的方式来获取数据，并对数据按一定的规则进行分类整理，为进一步的财务分析提供坚实的基础。

2.2.1　数据的获取

作为财务分析的专业人士，我们在不同的"角色"下，所能够获取的内部数据的深度和广度是不一样的。假定在未受到任何限制的情况下，获取信息的方式包括以下几个渠道。

2.2.1.1　查阅公开数据

包括标的公司的工商登记信息、法律涉诉信息、作为上市实体可能需要公开披露的其他法定信息；官网、微博、微信公众号、公开宣传报道、网上招聘等各类宣传信息；行业相关研究报告、同行业可比公司的公开信息。

2.2.1.2　收集资料清单

可能基于为标的公司提供中介服务和进行投资调查的原因，我们有机会正当获取其内部资料并进入企业进行分析核实。这种情况下，布置资料清单并按清单来收集资料，就成为我们获取内部数据的重要手段。

清单可分为进场前清单和进场后清单，进场前尚不掌握具体的企业经营和财务信息，所以资料清单相对宽泛、标准，而进场后经过初步了解情况，可以重新修订资料清单，使其更加具体化，更具有针对性，也更加方便对方快速提供。

2.2.1.3　观察

现场的体验是无可替代的。睁大我们的眼睛，观察从进入标的公司的现场开始。在我们的视线范围之内，主要包括生产线的运转过程、生产的饱满程度，仓库进出货的频率、存货的摆放和外观，厂区工作的有序、办公区的整洁，工位的饱和度、人员的工作状态，以及公司标牌、公告牌、荣誉证书等。

通过观察，我们能对标的公司的生产和管理得到最为直观的感受。通过观察洗手间，就可以判断一个公司的好坏，这并不完全是一个玩笑，一个管理细致的公司绝对不会有一个卫生十分糟糕的洗手间。类似于这种直观感受，可以为分析财务数据提供间接的印证。同时，我们观察到的信息还可以为财务分析提供直接证据。例如，我们发现生产线并未开足马力，这可以与公司提供的产能利用率相互印证；我们在大门口的标牌上发现了公司未予提供的主体，这有可能说明公司存在未予披露的关联方。

2.2.1.4　访谈

访谈包括内部访谈和外部访谈。内部访谈，需要涉及标的公司的高管层、中级管理层和业务操作层的不同层级人员。外部访谈，包括对行业专家的访谈、对竞争对手的访谈、对上下游客户的访谈，以及对相关中介机构的访谈等。通过访谈，可以与通过其他渠道获取的行业、经营及财务等数据形成充分印证。

访谈过程中，需要注意以下方面。

1. 保持逻辑

我们需要认真准备访谈提纲，访谈提纲需要抓住问题的主线和重点，访谈过程中把握好访谈的方向和节奏，以防止因被访谈人谈话过于散乱而偏离主线。

2. 注意分寸

访谈要注意谈话的方式和技巧，访谈应该更倾向于"聊天"式的，如果我们过于正式和严肃，则很可能给被访谈人带来压力而不能开放地回答问题。

3. 交叉印证

对相同问题或者具有相关性的问题，我们可能访谈了不同的受访人，所以需要对不同受访人之间的说法进行交叉印证。通常就回答的可信度来说，级别低的人员比级别高的人员更具有可信性，操作层的人员比管理层的人员更具有可信性，业务人员比财务人员更具有可信性，外部人员比内部人员更具有可信性。由于角度不同，不同受访人的回答存在一些差异是正常的，过于整齐划一的回答反倒更值得怀疑。

2.2.2　数据分类的原则

财务分析的数据可以分为财务数据、业务数据、行业和可比公司数据三个层次。财务分析的过程，即在数据分类的基础之上，对三个层次的数据进行互相核对和印证。

数据分类的原则性要求如下。

2.2.2.1　数据的完备性

完备性主要针对内部数据。无论是财务数据还是业务数据，无论是手工台账数据，还是 ERP $^{\ominus}$ 数据库数据，理想情况下，均应取得最原始数据、最底层数据，不宜直接使用标的公司加工过的"二手"数据，也不能仅使用经过汇总的数据。另外，要考虑有效的数据标识，并在提取数据时予以完整列示，以便于之后的多角度财务分析。

举一个汇总数据不可靠的例子：在对某餐饮公司进行财务尽职调查时，调查方开始仅取得了公司提供的门店销售汇总数据，即从门店销售系统中导

$\ominus$ ERP，enterprise resource planning 的缩写，指企业资源计划。在我国，ERP 所代表的含义已经被扩大，用于企业的各类业务软件，已经统统被纳入 ERP 的范畴。

出的日销售报表。该日销售报表与财务记录的日销售收入、收银记录核对一致。由于整体数据存在异常，在调查方的强烈要求下，该公司最终开放了其门店销售的底层数据库。结果，经简单查询就有了惊人的发现——日交易流水中有相当部分是晚10点"闭市"后集中发生的，且单笔金额明显较大，全部以现金买单。谁会在半夜里跑来用餐呢？这是一个常识性的问题，只要能够检查一下底层数据，这类"低级的"系统舞弊相对是比较容易发现的。

2.2.2.2 数据的权威性

权威性主要针对外部数据。行业主管部门发布的行业数据，比标的公司临时聘请的咨询机构编写的行业分析报告更具有权威性；可比公司经过审计或审核的公开数据，比未经过审计或审核的更具有权威性。

2.2.2.3 数据的协调性

财务数据、业务数据、行业和可比公司数据的相关分类口径一致，相互协调，以便于检查印证。例如，如果标的公司处于某一子行业，其数据与该子行业所处的大行业数据之间就缺少协调性；标的公司与可比公司的业务模式不同，其对比数据也就缺少协调性。

2.2.2.4 分类的有效性

有效的分类，必须基于行业特征和企业本身的经营特点，同时把握多角度和多层次两个方向的分类。多角度分类，即依据业务模式涉及的重要因素和流程进行不同角度的分类；多层次分类，即按"由上而下"的原则依次分类，层层递进，而不是对基础明细数据进行盲目的分析。多角度和多层次相互结合，更容易发现财务数据中的问题并得出有效的分析结论。

关于角度和层次的问题，如表2-1所示，是一个收入分析的简单例子。

可以看出，同样的收入变动，由于分类的层次不同，所得出的三种结论是完全不同的，财务分析的有效性存在实质性的差别。

表 2-1　收入分析的角度和层次

营业收入	分类	再次分类	2XX6 年	2XX7 年
主营业务			100 万元	150 万元
结论 1	2XX7 年主营业务收入较 2XX6 年增长 50%，成长性良好			
主营业务	产品销售		100 万元	100 万元
	技术服务			50 万元
结论 2	2XX7 年主营业务收入结构较 2XX6 年发生了变化，原有的产品销售业务保持稳定，新增技术服务收入带来收入大幅度增长。技术服务属于异常交易，需要进一步分析其真实性			
主营业务	产品销售	自产产品	100 万元	50 万元
		外购产品		50 万元
	技术服务			50 万元
结论 3	2XX7 年主营收入结构较 2XX6 年发生了变化，原有自产产品销售下降50%，新增产品购销和技术服务业务模式，新增业务模式带来收入大幅度增长。新的业务属于异常交易，需要进一步分析其真实性和可持续性			

2.2.3　常见的数据分类

　　财务数据与生产经营产生的业务数据具有协调性，常见的数据分类，主要与销售、采购、生产、研发、人力资源等主要业务相关。

2.2.3.1　与销售有关的分类

　　涉及对营业收入、营业成本、应收账款、应付账款、存货，以及毛利率的分析。为便于进行不同分类下的毛利率分析，相关分类经常需要同时对应收入和成本分类。对收入的分类，应该分解成销售数量和单位售价，对成本的分类，应该分解成销售数量和单位成本。

　　1. 按业务类别

　　从本质上，业务都可以归为产品销售、提供劳务、让渡资产使用权和建造合同四类，每一类的经营模式和收入确认方法都是不同的。

　　2. 按产品类别

　　根据不同用途、不同功能、不同工艺来划分。类别有大有小，大类别下还可以继续划分较小的类别。

3. 按销售区域

一般是指产品销往地点。国内，可以按华南、华北、华东等地区划分，也可以按省份划分；国外，可以按大洲划分，可以按国别划分。

4. 按客户性质

不同客户群体，可能带来不同的销售模式和回款风险。一般而言，客户中对政府机关、军队、中央企业、商业银行等客户群体进行单独划分的可能性较大。

出于分析关联交易之目的，关联方和非关联方客户也是性质划分的主要依据；按新增客户和原有客户进行分类，也经常用来印证客户群体的稳定性。

5. 按不同客户

对于客户非常集中的企业，可以要求按全部客户进行划分。一般来说，列示前 5 名或前 10 名客户是必要的。

6. 按不同项目

主要适用于提供劳务或建造合同，且主营业务具有项目数量少、单项金额大等特征的企业。

7. 按销售模式

常见的不同销售模式：直销和经销，直营店和加盟店，ODM[⊖]和自有品牌，线上销售和线下销售等。按正常商业逻辑理解，不同模式的售价应该存在一定的差别。

8. 按收款模式

例如，门店收款可划分为现金收款、银行卡收款、支票收款等收取方式；线上销售收款可划分为支付宝、财付通（微信）等不同第三方回款方式；

⊖　ODM，original design manufacturer 的缩写，指原始设计制造商。

出口销售可划分为 T/T[⊖]、L/C[⊖]等不同外贸结算方式。

9. 按不同季度

划分不同季度，可以分析收入是否存在季节性波动，相关波动是否符合行业特征。

2.2.3.2　与采购有关的分类

1. 按材料分类

确定主要原材料和能源的类别，分别列示采购数量和采购金额。

2. 按供应商分类

一般来说，列示前 5 名或前 10 名供应商是必要的。对于供应商非常集中的企业，可以要求列示全部供应商。

存在原材料供应商、能源供应商、设备供应商、服务供应商等不同采购类别的，则需要按不同采购类别对供应商进行分类；出于分析关联交易之目的，关联方和非关联方供应商也是性质划分的主要依据；按新增供应商和原有供应商进行分类，也经常用来印证供应商群体的稳定性；按现金结算和银行结算进行供应商分类，可以用来分析采购的规范性。

2.2.3.3　与生产有关的分类

1. 按产能产量分类

产能产量以主要产品为标准进行列示，不但要与收入分类中的产品类别保持一致，而且产能单位、产量单位、销量单位等均需要保持一致。

2. 按成本结构分类

对于任何业务类别的成本进行分析，都应该按照"料、工、费"的基本结构来划分成本核算对象的成本结构。对于水、电、气等能源耗用较大的企

⊖ T/T，telegraphic transfer 的缩写，电汇付款，一种对外贸易中常见的付款方式。

⊖ L/C，letter of credit 的缩写，信用证付款，一种对外贸易中常见的付款方式。

业，还应该把能源作为单独的成本项目进行列示；存在较大量的外协加工或项目分包的，则需要把外协加工或项目分包成本作为单独成本项目进行列示。

存在较为集中的主要原材料或主要能源的，往往需要把主要原材料和能源进行进一步分类。

2.2.3.4　与研发有关的分类

1. 按研发项目分类

实务中，标的公司出于不同的业务需求，可能会向几个不同的主管部门报送研发项目情况，包括：出于研发费用所得税加计扣除的需要，向税务主管部门报送；出于申报或持续享有高新技术企业资质的需要，向高新技术企业认定部门报送；出于申请或从事政府补助的科研项目的需要，向政府科技管理部门报送。在对研发项目进行分类时，要以标的公司实际研发的项目为基础，并注意上述对不同部门报送的项目分类口径是否存在差异。

2. 按研发支出分类

研发支出，可以划分为人工支出、材料支出、折旧和摊销、调试检验、委外研发费用等不同支出类别。一般情况下，研发支出总额应与管理费用中的研发费用、开发支出中的当期资本化费用保持一致。如果研发支出包括了生产成本等其他科目的一些支出，应明确其所属项目及相关支出类别，并判断其是否有充分的划分依据，是否存在费用和成本的混淆。

2.2.3.5　与人力资源有关的分类

人力资源结构与标的公司所处行业特征、经营特点及管理规范性相关，相关分类包括：按员工专业结构分类、按员工受教育程度分类、按员工年龄分布分类以及按员工社保缴纳情况分类。社保指应按国家规定为员工缴纳的"五险一金"，按社保缴纳情况可以把员工分为未正常缴纳社保和正常缴纳社保两类，未按规定为员工正常缴纳社保，实际上是隐蔽地提高了标的公司的业绩。

面对杂乱无章的数据，不进行适当的分类就不能开展有效的分析，数据分类是财务分析的基础；分类本身不能是盲目的，而是基于行业特征和经营特点进行的多角度、多层次的分类，即数据分类又是财务分析的过程；对于财务分析的结论，我们也需要遵循不同使用场景下的相关性，按相关规则来披露重要的分类数据，所以，数据分类也是财务分析的结果。

"类别分好，其意自见"，基于有效财务分析之目的，对三个层次的数据进行有效的分类至关重要。从这个角度，财务分析的本质是一项数据分类的技术。

第 3 章

财务分析的对象和要素

　　财务分析的直接对象是财务报表，财务报表包括资产负债表、利润表、现金流量表和所有者权益变动表等四张主表以及报表附注。通常情况下，财务报表除提供当期数据外，还列示一期对比数据。

　　财务报表的内容，可以分为与会计方法相关和与会计科目相关两大类。与会计方法相关，即主要会计政策和会计估计中列示的会计方法；与科目相关，包括主表报表、报表科目直接对应的附注，以及历史沿革、税务、合并范围、关联交易、或有事项、资产负债表日后事项、其他重大事项等相关附注信息。此外，根据报表科目，可以很容易计算出与财务分析相关的财务比率。

　　综上，财务报表可以分解为会计方法、报表科目、财务比率三项要素，对财务报表进行分析，即对三项要素进行静态和动态的分析和评价。

3.1　财务分析视角下的会计方法

会计方法即企业具体运用的会计政策和会计估计，很多会计方法具有可选择性，其自由裁量权掌握在企业管理层手中。同样的经济业务，在不同的会计方法下会生成不同的财务数据。

任何财务报表都是依据特定的会计方法而生成的，在财务分析的视角下，我们首先要确立相关原则，对会计方法的适当性进行评判。对于明显不适当的会计方法，则需要消除其对财务报表分析带来的不利影响。

3.1.1　会计方法的分析原则

一个重要的会计方法，如果同时满足正确性、可控性[⊖]和可比性三个特征，则可以认为其是最为适当的会计方法。

3.1.1.1　是否正确

使用正确的会计方法，这是最基本的，似乎也是最简单的原则。但基于实际业务的复杂性，会计方法的确定也远非这么简单。

确定一项重要经济业务的具体会计方法，一般需要遵循以下过程：

经济业务 ➡ 准则下的经济实质 ➡ 准则的原则性规定 ➡ 具体会计方法

在这个过程中，导致会计方法出现错误的原因主要有两类：一是对业务的经济实质判断不准确，导致使用了不适用的准则；二是使用的具体会计方法不符合会计准则的原则性规定。

1. 与业务的经济实质相符

经济实质，是会计准则所定义的经济实质，是相对于法律形式或者其他形式而言的。例如最重要的销售业务，会计准则将其划分为销售商品、提供劳务、让渡资产使用权和建造合同等四类，在分析销售业务时，首先需要明

⊖　关于可控性的论述，可参考拙作《IPO 财务透视：方法、重点和案例》。

确业务收入的类别，并最终在收入政策的框架内制定适当的具体确认方法。

准则所定义的经济实质，与业务的法律形式并不总是相符。例如在收入方法中，对"总额法"和"净额法"的选择，"购销方式的委托加工业务"是否构成收入，"物流公司的形式贸易业务"是否构成收入等，往往需要运用"实质重于形式"的原则，根据与销售有关的风险转移、主要责任承担等因素对其经济实质做出判断。

2. 符合会计准则规定

准则往往是原则性的，实际运用中，需要根据企业业务的实际情况，在准则的框架内制定相关的具体方法。例如，我们根据销售业务的经济实质认定为产品销售，但准则只给出产品销售收入确认的五条原则，具体执行时，还需要对收入确认时点、收入金额、收入可收回性等做出进一步的确认。而单单一个确认时点，就有可能存在出库确认、验收确认或质保期满确认等多种选择。

在实务中，出于对准则理解不够，或出于简化核算，也可能是过度谨慎等原因，都可能会导致会计方法运用不当。

3.1.1.2　是否可控

可控的会计方法，是指运用过程容易控制的会计方法。具体而言，在会计政策层面，要求会计确认的依据具有充分的可验证性；在会计估计层面，则要求尽可能地限制过于自由的会计估计。

基于准则运用的可选择性，会计方法在大多数时候都无法给出是否正确的结论，这种情况下，可控性有助于我们对适当性做出进一步的判断。此外，如果选择不可控的会计方法，则在客观上具备了财务操纵的特征。

会计方法的可控性主要体现在三个层面。

1. 原则的可选择性

选择会计原则的前提，是对经济业务的会计实质的认定，对某些业务来说，会计实质的结论并不是唯一的，同样存在可选择空间。以下是会计原则具有可选择性的两项典型业务。

（1）完工百分比还是一次确认。

多数计算机系统集成类业务的收入确认方法具有可选择性：将其认定为建造合同，原则上是没有问题的，但从其合同特点看，往往属于工期相对较短的"交钥匙"工程，业主不进行进度确认而只是在完工交付时一次性验收，故将其视为附有安装等义务的系统产品，作为产品销售处理也是可行的。

如果作为建造合同处理，核心是完工百分比的计算，在没有业主定期进行进度确认的情况下，完工百分比只能以内部的成本进度（累计完工成本占预计总成本的比例）来确定，其可控性向来饱受诟病，财务操纵的空间很大。而如果作为产品销售处理，在最终完工并经业主验收后一次性确认收入，完工验收具有很强的可控性。

基于上述分析，对于多数计算机系统集成类业务，采用完工验收一次性确认收入，是更具有可控性的方法。

（2）开支支出资本化还是费用化。

对于大部分企业的研发活动来说，无论是费用化处理还是资本化处理，都可以在准则层面找到支持，但在大部分情况下，开发支出进行资本化处理，都是非常不具有可控性的会计方法。尤其是在同行业可比公司并不普遍运用的情况下，选择进行资本化处理，几乎可以判定公司存在利用资本化进行财务操纵的行为。

2.方法的可选择性

在会计方法的实际运用中，无论是会计政策还是会计估计，都存在企业的主观判断和相对自由的选择。例如，对于某项资产的计量基础，既可以选择历史成本，又可以选择公允价值；确定长期资产的公允价值时，几乎都会涉及对未来现金流、折现率等重要参数的主观估计；对于坏账准备的分账龄计提，其计提比例只是存在合理的区间而没有绝对正确的比例。

具体会计方法下的可控性，主要体现在依据经济业务的实际情况，有意减少对公允价值计量的使用，减少对重要资产的折旧摊销年限、减值准备等方面过于主观的判断。

3. 证据的可选择性

在收入、成本等重要会计核算的关键内控程序上，尽可能选择更具有客观性的外部证据作为主要支持性业务证据，比单纯依赖内部证据更具有可控性。

3.1.1.3　是否可比

可比性，指会计方法的选择要与同行业可比公司保持一致。如果与大多数可比公司不一致，一方面，有可能采用的方法是不正确或不可控的；另一方面，即使方法本身没有问题，但过于独特的方法下生成的报表数据，可能会给可比公司之间的对比分析带来很大的困扰。

在与同行业基本一致的前提下采用更为谨慎的会计方法，则具有最好的可比性。

3.1.2　重要的会计方法

实务中常见的重要会计方法，通常包括以下几种。

1. 收入确认方法

收入确认方法是最具根本性的会计方法，通常影响营业收入、营业成本、应收账款、存货等最核心科目。

2. 成本确认方法

收入确认与成本结转具有匹配性，成本确认的范围直接影响毛利率。在完工百分比下，成本决定了收入和毛利。

3. 应收账款坏账准备计提的方法

账龄分析法是最常用的坏账准备计提方法，会计估计的空间主要存在于不同账龄段所对应的计提比例。此外，通过变更坏账计提方法提升业绩，也是上市实体常用的报表粉饰方法。

4. 存货跌价准备计提方法

计提存货跌价准备的相关准则规定较为原则，实际操作则较为复杂。对于经营能力高度依赖存货周转的行业，存货跌价准备的计提水平往往对利润有较大影响。对于方法不够直观的计提方法，更需要根据期末的实际计提水平，并结合可比公司的计提情况，综合判断跌价准备的适当性。

5. 长期资产的折旧摊销方法

长期资产的折旧摊销以直线法为主要方法，折旧摊销的期间和残值率具有可选择性，且很可能对当期业绩造成重大影响。折旧摊销方法，主要通过与可比公司的对比，来分析其是否适当。通过变更长期资产的折旧摊销方法来增加利润，是上市实体常用的财务操纵方法。

3.1.3　同行业公司的会计方法分析案例

我们选择建筑装饰行业中的公共装修子行业，如表 3-1 所示，对 9 家可比上市公司的收入确认方法进行了分析。

1. 会计方法的适当性

该行业 9 家上市公司中，有 5 家采用了同样的收入确认方法，即"按建造合同确认收入，其完工百分比是已经完成的合同工作量占合同预计总工作量的比例"，相关工作量是经业主认可的工作量。这种工作量进度方法，兼具正确、可控、可比三种特点，是最适当的会计方法，也是同行业主流的会计方法。

金螳螂和洪涛股份，均是按劳务合同确认收入，与其他 7 家按建造合同确认收入不同。公共装修业务属于工程施工的范畴，属于建造合同，认定为提供劳务显然是不正确的。

表 3-1　9 家可比上市公司的收入确认方法分析示例

序号	股票简称 / 代码[①]	收入确认方法[②]	财务分析的判断
1	金螳螂 （002181.SZ）	按劳务合同确认收入，采用已经发生的成本占预算总成本的比例确定劳务交易的完工进度	不正确
2	洪涛股份 （002325.SZ）	按劳务合同确认收入，对在同一会计年度内开始并完成的劳务，于完成劳务时确认收入；如果劳务的开始和完成分属不同的会计年度，则在提供劳务交易的结果能够可靠估计的情况下，于期末按完工百分比法确认相关的劳务收入	不正确
3	亚厦股份 （002375.SZ）	按建造合同确认收入，按已经完成的合同成本占合同预计总成本的比例确定完工百分比	正确，不可控，可比
4	广田集团 （002482.SZ）	按建造合同确认收入，其完工百分比是已经完成的合同工作量占合同预计总工作量的比例	正确，可控，可比
5	瑞和装饰 （002620.SZ）	按建造合同确认收入，其完工百分比是已经完成的合同工作量占合同预计总工作量的比例	正确，可控，可比
6	宝鹰股份 （002047.SZ）	按建造合同确认收入，按已经完成的合同成本占合同预计总成本的比例确定完工百分比	正确，不可控，可比
7	全筑股份 （603030.SH）	按建造合同确认收入，其完工百分比是已经完成的合同工作量占合同预计总工作量的比例	正确，可控，可比
8	奇信股份 （002781.SZ）	按建造合同确认收入，其完工百分比是已经完成的合同工作量占合同预计总工作量的比例	正确，可控，可比
9	中装建设 （002822.SZ）	按建造合同确认收入，其完工百分比是已经完成的合同工作量占合同预计总工作量的比例	正确，可控，可比

① 本书中涉及的全部上市公司，均以"股票简称"（代码 . 上市地简称）来列示，其中上市地简称如下：深圳证券交易所简称 SZ，上海证券交易所简称 SH，香港联合交易所简称 HK。

② 中装建设是可比公司中最近上市的一家，其招股说明书（发行稿）中列举了全部 9 家公司的收入确认方法。招股说明书来源于巨潮咨询网 www.cninfo.com.cn。

亚厦股份和宝鹰股份，按"已经完成的合同成本占合同预计总成本的比例"确认完工百分比，实质上是基于内部证据的成本进度，与基于经业主认可的工作量计算的工作量进度相比，成本进度不具有充分的可控性。

2. 不适当会计方法对会计报表的影响

作为外部分析者，我们需要对不适当会计方法对报表造成的影响进行定性或定量分析。

对于按劳务合同确认收入的，尽管准则适用不同，但完工百分比的原理是一样的，所以可以推测与建造合同下的报表不会有重要的差异。对于采用成本进度而未采用工作量进度的，可以从收入和毛利两个方面进行分析：在收入方面，由于该行业可比公司的总体规模较大，签订的建造合同众多，但相对来说跨期合同并不多。另外，正常情况下，成本进度和工程量进度不会有很大差异，故可以推测两种方法收入差异不大；在毛利方面，从最终体现出的毛利率来看，各公司的毛利率都在 17% 左右，具有较强的可比性，故可以推测两种方法对毛利影响不大。

基于上述分析，以上同行业公司的个别财务报表并不会对财务分析造成实质性的影响。

3.2　财务报表的科目分析

报表科目，即财务报表中的主表科目、科目附注及其他的相关附注信息。报表科目分析，包括报表科目钩稽、报表科目结构和报表科目内容等三项内容。

3.2.1　科目钩稽

科目钩稽是为了更好地理解数据关系，同时找出财务报表中可能存在的错误。科目钩稽的内容，包括存在对应关系的主表科目之间的数据钩稽、主表科目与相关附注及其他信息之间的数据钩稽。钩稽关系既包括数据之间的一致性核对，又包括数据之间的逻辑性核对。

主要的钩稽关系如下：

（1）货币资金与现金及现金等价物。

货币资金与现金流量表中的现金及现金等价物不一致时，应找出差异的具体原因。

（2）交易性金融资产等公允价值计量的资产科目，与利润表中的公允价值变动损益。

（3）长期股权投资与投资收益。

（4）暂时性差异与递延所得税资产。

重点关注是否将可弥补亏损作为暂时性差异，进而确认递延所得税资产。可弥补亏损的转回具有不确定性，是否确认相关的递延所得税资产，代表相关会计处理是否具有稳健性。

（5）资产减值准备与相关减值损失。

（6）长期资产的折旧摊销与相关折旧摊销费用。

固定资产、无形资产等资产科目附注，期间费用等利润表科目附注，以及现金流量表副表中都涉及折旧摊销费用的披露。

（7）大额存款、银行理财产品、长短期借款与相关的财务费用。

在实务中，银行理财产品产生的收益有可能计入投资收益、财务费用或公允价值变动损益。银行理财产品产生的收益是否计入非经常性损益，实务中也有不同的做法。

（8）应付薪酬与薪酬类成本费用。

应付职工薪酬科目附注、期间费用等利润表科目附注，以及现金流量表主表中都会涉及职工薪酬的披露。

（9）政府补助形成的递延收益与损益结转及现金流量。

在实务中，与费用相关的递延收益转入损益存在不同的处理方式，收到与资产相关的政府补助所形成的现金流量的处理也有不同方式。

（10）外币业务与汇兑损益。

了解主要的外币业务，根据外币汇率的变动，可以对汇兑损益的方向做出推测。

（11）利润总额与所得税费用。

所得税费用包括当期所得税费用和递延所得税费用，应关注递延所得税资产或递延所得税负债与递延所得税费用的对应关系，同时关注利润总额至所得税费用的计算过程。

（12）现金流量表与资产负债表、利润表相关科目。

现金流量表主表科目可以根据资产负债表和利润表等相关科目及内容大体推导出来，如果不能推导，说明现金流量表编制可能有误。现金流量表副表，是从净利润到经营活动现金净流量的推导过程，相关增减科目与资产负债表、利润表相关科目存在核对关系。现金流量表主表"其他"附注，与相关利润表科目附注的内容有核对关系。

（13）重要事项与相关报表科目。

附注披露的重要事项，关注与其相关的会计处理是否已在报表中体现。例如，存在重大资产收购，可能会涉及企业合并的会计处理；存在涉诉事项，可能会涉及相关减值准备或预计负债的计提。

3.2.2　科目结构

科目结构，指资产负债表、利润表和现金流量表的内部科目结构。利润表的科目结构，即利润表各项目占营业收入的比例，其构成毛利率、期间费用率等比率，按惯例属于财务比率的范畴。

资产负债表结构包括资产结构和负债结构，其和现金流量结构，均与标的公司的行业特征、经营模式、融资特点等因素相关。对相关因素汇集成的非财务数据进行分析，可以初步形成对标的公司科目结构的财务预期，如果实际结构远偏离预期，则需要找出主要原因和相关科目，并对该科目进行重点分析。

3.2.2.1　资产结构

一般的资产结构分析，包括流动资产和非流动资产占资产总额的比例、各流动资产科目占流动资产总额的比例、各非流动资产科目占非流动资产总额的比例。

第一部分　财务分析的框架和内容

1. 重资产公司和轻资产公司的资产结构是不同的

我们可以将全部公司大略分为重资产公司和轻资产公司两大类。重资产公司需要购建土地、厂房和生产线，其固定资产投入较大，一般而言，其用于生产经营的核心资产主要是以固定资产、在建工程、无形资产（土地使用权等非技术类无形资产为主）、长期待摊费用为主，除定期的折旧摊销之外，其金额并不会受日常生产经营活动的影响。

轻资产公司以核心技术、智力资源、品牌影响力、渠道控制能力等为核心，相关要素几乎都是无法进行会计计量的表外资产，故其报表资产主要以现金、应收账款、存货等营运资产为主，非流动资产的投入很少。

2. 流动资产和非流动资产结构的占比

对于同一家企业而言，流动资产占比高，往往说明企业日常生产经营活跃，发展势头旺盛，企业投入生产经营活动的资金较多，此时，企业的经营管理能力就显得格外重要。如果流动资产占比低于合理区间，企业生产经营则有可能出现了问题，导致其业务处于萎缩之中。

由于非流动资产的折旧与摊销属于固定费用，需要足够的产能产量来分摊，非流动资产占比偏高，往往说明企业的经营风险大。如果非流动资产占比不断提高，则可能代表着生产经营活力不足，新增产能没有得到有效的利用。

3. 开发支出和商誉的影响

由于开发支出资本化的会计处理，部分公司账面已经形成了巨额的开发支出（包括已结转的无形资产和未结转的开发支出）。由于非同一控制下并购的会计处理，部分公司账面已经形成了巨额的商誉。

开发支出的形成过程往往缺乏可控性和可比性。在购买价确定的情况下，商誉主要受可辨认净资产公允价值的影响，而表外可辨认资产的确定，以及相关可辨认净资产公允价值的确定，往往也都缺乏足够的客观性。另外，无论是商誉还是开发支出，在确定其可收回金额时都需要预测未来多期

· **32**

的现金流量并予以折现，所以计提相关减值准备存在很大的可操纵空间。

所以，从总体上看，两个科目真正的价值几乎是无法确认的。对于报表上存在的开发支出和商誉，在目前的实务环境中，如果已出现了难以逆转的减值迹象，在进行财务分析时，或许都不需要考虑其减值准备计提的充分性，而直接作为无效资产全部扣掉更具有说服力。

3.2.2.2 负债结构

一般的负债结构分析，包括流动负债和非流动负债占负债总额的比例、各流动负债科目占流动负债总额的比例、各非流动负债科目占非流动负债总额的比例。

流动负债包括无息负债和有息负债，无息负债包括应付账款、预收款项、应付职工薪酬、应交税费等。由于采购商和供应商之间存在相对的强弱势地位，所以应付供应商款项具有一定的弹性账期，合理提高应付账款占用时间，能够直接减少营运资金占用。有息负债即银行短期借款等需要付息的负债，有息短期付债的借款时间短，偿付压力大，是最主要的偿债风险来源。借入短期有息负债，原则上应主要用于解决营运资金的问题。

非流动负债主要是长期借款和企业发行的长期债券，相对于短期借款，其没有急遽的短期偿债压力，但需要企业提供第三方保证、资产抵押等更强的增信能力，同时付出的利率成本更高。

决定企业负债结构的主要因素如下。

1. 资产结构

一般而言，非流动资产比重较大的企业更少利用短期负债，多利用长期负债或发行股票进行筹资；反之，流动资产所占比重较大的企业，则可更多地利用流动负债来筹集资金。如果资产结构和负债结构"错配"，带来的问题是：如果以流动负债用于购置非流动资产，将会导致更高的偿债风险；如果以非流动负债用于补充流动资金，将会带来更高的财务费用。

2. 融资能力

在实务中，由于借款会带来业绩压力和偿债风险，所以企业往往更倾向于采用股权融资。具有良好的股权融资能力的企业，其债务规模相应比重可能更低。

企业经营规模对企业融资能力有重要影响，相对于中小企业，大企业因其规模大、信誉好、可增信的事项多，所以融资能力强，容易取得长期项目借款，也容易采用发行债券的方式以较低的成本筹集长期资金，因而利用流动负债筹资较少。

3. 现金流状况

具有良好经营活动现金流的企业，更倾向于采用利率较低的短期负债。而不具有良好现金流的企业，短期负债到期时，只能采用"以新还旧"的方式，不确定性很高，更倾向于采用股权融资和长期负债。

3.2.2.3　现金流量结构

现金流量按性质可以分为经营活动、投资活动和筹资活动三大类。现金流量结构，指三类活动产生的净现金流量的相对结构。

现金流量结构受企业生命周期、在产业链中与上下游的相对地位，以及具体经营模式的影响。自由现金流代表了企业的自我造血能力，良好的自由现金流可以用于维持性投资和利息支付，只有准备进行扩张性投资时，企业才需要通过融资取得现金。

3.2.3　科目内容

财务报表的科目内容，上市实体一般需要根据企业会计准则及《公开发行证券的公司信息披露编报规则第 15 号——财务报告的一般规定》（15 号文）来披露。本节对科目内容的分析，更多的是强调静态分析。

对科目内容进行分析，首先需要确定重点的报表科目。重点科目的标准，一是金额较大，即结构比重大的科目；二是波动幅度大，即当期科目与对比数据相比波动幅度较大；三是性质特别，即存在新出现的科目内容或非常规业务形成的比较特别的科目；四是与初步预期不符的科目。例如，公司相对产业链上游处于强势地位，但存在较大的预付款项；公司是以现款销售为主的业务模式，但存在较大的应收账款。

对于常规的重要科目，结合 15 号文和会计准则的披露要求，具体内容说明如下。

1. 应收账款

基本的披露事项包括：应收款项的账面原值、坏账准备、账面价值；应收款项的构成（单项金额重大并单独计提坏账的款项、按信用风险特征组合区分的不同应收款项组合、单项金额不重大但单独计提坏账的款项）、比例、账龄、信用期；主要客户的应收账款金额、占比；实际核销的应收款项金额。

应收账款披露事项主要提供了账龄信息、主要客户信息和坏账准备信息。对应收账款科目内容的分析主要包括：科目形成对应到经营层面的过程、特征和关键环节；销售结算政策和对应的应收账款金额、账龄的适应性；主要客户的质量和款项的可收回性；单项坏账准备计提的充分性。

2. 存货

基本的披露事项包括：存货的构成、比例、账面价值、存货跌价准备；跌价准备的期初余额、期末余额及本期计提、转回或转销金额，及确定存货可变现净值的具体依据；存货期末余额中含有的借款费用资本化金额；存货期末余额中含有建造合同形成的已完工未结算资产的，应汇总披露累计已发生成本、累计已确认毛利、预计损失、已办理结算的金额。

存货披露事项主要提供了存货的类别信息和跌价准备的计提信息。对存货科目内容的分析主要包括：科目形成对应到经营层面的过程、特征和关键环节；经营模式特征与存货结构、金额的适应性；存货预期销售情况及可收回性。

3. 开发支出

基本披露事项包括：分项披露开发支出期初余额、期末余额和本期增减变动情况；资本化开始时点、资本化的具体依据、截至期末的研发进度；已转入无形资产的，披露其账面原值、累计摊销、减值准备累计金额、期末无形资产中通过公司内部研发形成的无形资产占无形资产余额的比例。

开发支出主要是依据开发项目披露资本化过程、依据、结转和减值情况。对于大部分企业而言，开发支出是一个性质特别的科目，对科目内容的分析，主要判断研发项目是否具有创新性，资本化金额和比例与生产经营特征的适应性，实际发生的支出类别的合理性。

4. 商誉

基本披露事项包括：报告期发生非同一控制下的购买增加子公司的，披露非同一控制下企业合并中商誉（负商誉）的金额及其计算方法；分别投资单位或分项列示产生商誉的事项，及对应商誉的期初额、本期增加额、本期减少额、期末额，以及减值准备累计金额，并披露商誉减值测试方法及减值准备计提方法。

实务中，由于并购的高溢价，商誉已经成为很多上市实体账面的主要资产之一。对商誉内容的分析，主要关注商誉形成的过程以及收购后子公司的实际经营情况及预期，这是判断商誉账面价值的重点。

5. 营业收入

基本披露事项包括：营业收入的构成及比例，并分别按行业、产品、地区列示；向前五名客户合计的销售额占当期销售总额的百分比；向关联方销售情况。

营业收入披露主要是基于多个角度对收入数据进行列示。需要注意的是，相关准则并没有要求在财务报表附注中将收入分解为量和价两个基本的分析因素。对营业收入科目内容的分析主要包括：销售特征与收入确认、收入分类的适应性；结合主要客户的性质及应收账款情况，对收入质量做出判断；关联方销售的必要性和合理性，并通过与第三方销售对比等方法来判断关联销售的公允性。

6. 营业成本

营业成本披露，主要是对应营业收入所提供的多角度数据，以便于毛利率的分析。

在实务中，财务报表附注中既没有披露营业成本的主要构成情况（原材料、能源、人工、制造费用），也没有披露主要原材料和能源的采购数量、采购价格及主要供应商等采购相关数据。

科目内容，仅仅是财务报表所提供的报表科目的基本财务数据。如果我们是外部分析者，这可能就是我们所能获得的全部的财务数据；如果我们是内部分析者，对于进一步的财务分析而言，这些财务数据是远远不够的。从广度上说，财务数据的提供需要扩展到更多的角度；从深度上说，则需要扩展到更多的层次。

3.3 财务比率的运用和缺陷

财务比率是单期财务报表上两个科目之间的比率（一般不包括结构比率）。基础的财务比率可以划分为偿债能力、营运能力、盈利能力等三类，全面衡量三类能力的指标即为综合能力比率。以上四类比率是财务分析中重要的财务指标。

综合《公开发行证券的公司信息披露内容与格式准则第 1 号——招股说明书》《公开发行证券的公司信息披露内容与格式准则第 28 号——创业板公司招股说明书》《公开发行证券的公司信息披露内容与格式准则第 11 号——上市公司公开发行证券募集说明书》等规则中关于财务比率的披露和分析要求，对上市实体进行财务分析具有普遍意义的相关财务比率如下：

（1）偿债能力，包括流动比率、速动比率、资产负债率、利息保障倍数。

（2）营运能力，包括应收账款周转率、存货周转率。

（3）盈利能力，包括毛利率（综合毛利率、分行业毛利率、分产品毛利率）、期间费用率（销售费用率、管理费用率）。

（4）综合能力，主要指净资产收益率，包括扣除非经常损益之前的净资产收益率、扣除非经常性损益之后的净资产收益率。

3.3.1　偿债能力比率

3.3.1.1　相关静态比率

流动比率、速动比率、资产负债率是完全取自于资产负债表的静态比率，本质上是期末时点的静态偿债能力。实际上，这种静止状态的资金偿付概念既不能代表期间的水平，也与持续经营状态下未来真正资金流动情况之间没有必然的因果关系。

具体而言，比率本身存在的缺陷主要包括：除现金之外，应收账款、存货等其他流动资产的变现能力难以确定；预付款项、预收款项、递延所得税资产、递延所得税负债等相关资产和负债并不用真正收取或支付现金；受成本法核算的限制，大部分长期股权投资、无形资产、固定资产及相关金融资产的实际价值无法在账面体现。

此外，静态比率的高低也很容易受资产负债表日异常资产或负债的影响，期末通过一些报表粉饰手段，可以人为地提高偿债能力比率。

尽管多数情况下，单纯的偿债能力比率并不能代表一个企业真正的偿债能力，但无论如何，对于持续经营的企业，超出行业水平的高资产负债率的确存在较高的财务风险。不同行业可接受的资产负债率水平差别很大，但对于大部分企业来说，超过50%的资产负债率是值得关注的，而70%的资产负债率在一些财务分析的场景下就属于"红线"了。

3.3.1.2　利息保障倍数

利息保障倍数的意义在于衡量企业的利润是否足够覆盖利息费用。计算利息保障倍数，分母是利息支出（财务费用中的利息支出和资本化利息费用之和），分子则存在两种选择，一种是息税折旧摊销前利润（EBITDA），另一种是息税前利润（EBIT）。

1. EBITDA 和 EBIT 基础下的指标计算

EBITDA 以净利润为基础，加上利息费用、所得税费用、固定资产折旧费用、无形资产和长期待摊费用的摊销费用。可以看出，EBITDA 排除了不同资本结构下财务费用的影响、不同税率下企业所得税的影响、不同折旧政策下折旧费用的影响、不同摊销政策下摊销费用的影响。相对于 EBITDA，EBIT 只是排除了财务费用和企业所得税的影响。因此，如果用于不同企业间的利润对比，EBITDA 似乎更具有效性。

利息保障倍数的核心是如何确定更适当的企业利润作为分子。EBIT 只是加回了财务费用和企业所得税，税前利润应首先用于偿还利息，不足偿还利息时也就无须缴纳企业所得税，这个逻辑是非常容易理解的。如果以 EBITDA 作为分子，继续加回折旧和摊销的逻辑是什么呢？是因为折旧和摊销支出是可以被避免的？但事实上设备最终会磨损毁坏，无形资产最终会失去创造超额利润的能力，公司需要以定期折旧或摊销对应的金额进行资金储备，以便重新购置或对相关资产进行升级改造。是因为折旧和摊销不会带来真正的现金流出，而通过调整向经营活动净现金流靠拢吗？但是它并没有将所有的非现金项目都排除在外，没有调整的非现金项目至少还有各类减值准备和股权激励成本等，也完全没有考虑营运资金变动对现金流量的影响。

所以，相比较而言，EBITDA 计算的利息保障倍数更高，而 EBIT 在利润的逻辑上更合理，其计算的利息保障倍数也更稳健。实务中，在计算利息保障倍数时，存在 EBITDA 作为分子和 EBIT 作为分子两种情况，这的确是一个值得注意的问题。

2. 指标的局限性

利息保障倍数也存在局限性，这一指标只反映了企业偿还利息的能力，而没有反映债务本金的偿还能力。本金不可能永续存在，所以到期偿还本金显然也是需要保障的。同时，利息保障倍数的分子、分母还是建立在利润口径之上，而实际支付利息需要付出真正的现金流，在利润和经营活动现金流差异较大的时候，指标较高，也不能说明企业有足够的现金来偿还债务。

3.3.1.3　综合债偿能力

对于真正的企业经营而言，偿债能力更多地取决于持续经营状态下资产的变现能力和资金的融通能力，相关的偿债能力指标并不能完全反映真实的偿债能力。我们在进行指标分析时，应结合公司的现金流量状况、在银行的资信状况、可利用的融资渠道及授信额度、股东及相关方的资金支持能力等方面，对偿债能力进行综合判断。

3.3.2　营运能力比率

应收账款周转率是用于衡量应收账款流动程度的指标，其取决于相对客户的强势或弱势地位、销售模式，以及对应收款的管理能力。存货周转率是用于衡量存货"购、产、销"效率的指标，其取决于业务模式、生产周期、对供应链的管理能力、生产组织能力和产品的市场能力。

计算周转率时，需要注意一个口径的问题。计算应收账款周转率使用的应收账款，计算存货周转率使用的存货，都指的是原值，不能扣除相对应的坏账准备和存货跌价准备。

3.3.2.1　比率存在的缺陷

1. 资产时点数存在的问题

应收账款和存货都是对公司营运资金的占用，但只使用期初数和期末数的简单平均来计算资产的平均数，有时候并不能反映真实的占用情况。例如，在同样的销售收入、同样的期初期末应收账款的情况下，一个是期初收回，一个是期末收回，两种情况下的应收账款周转率是一样的，且无法区分出哪种情况的回款质量更高。再例如，在同样的销售成本、同样的期初期末存货的情况下，一个是整个期间都持续维持很高的库存，一个是因期末备货需求形成很高的库存，两种情况下的存货周转率是一样的，且无法区分出哪种情况下的库存管理更有效率。

2. 存货周转率存在的结构问题

（1）分子、分母的口径问题。

存货周转率的分子为营业成本，如果公司存在多项业务，其中一些业务只是提供劳务而并不使用相关存货，那么将全部营业成本作为分子来计算，就会产生偏差。在一些更为极端的情况下，公司营业成本中并没有原材料成本，所购原材料全部用于科研支出而计入了管理费用，这个时候再计算存货周转率显然是没有意义的。

（2）存货的结构问题。

存货一般包括原材料、在产品、产成品，笼统地计算存货周转率无法分别反映存货的不同结构和存货的不同环节的周转效率。同样的存货金额，以原材料为主还是以产成品为主，体现出的业务逻辑和实际的运营能力是完全不同的。

3.3.2.2　实务中运用的其他比率

1. 存货分类周转率

将存货周转率进一步细分为原材料周转率、在产品周转率和产成品周转率，可以解决存货周转率笼统计算所带来的问题，有助于具体到存货流转的不同环节去分析存货周转率高低和变动的原因。

计算产成品周转率时，分母为产成品的期初和期末平均余额，分子为销售成本；计算原材料周转率时，分母为原材料的期初和期末平均余额，逻辑上，分子应该为原材料当期使用额。该数据无法取得时，也可以用整体销售成本充当分子；计算在产品周转率时，分母为在产品的期初期末平均余额，逻辑上，分子应该为当期生产成本。该数据无法取得时，也可以用整体销售成本作为分子。

2. 应收账款收入比

应收账款收入比，即期末应收账款占当期营业收入的比例。在应收账款期初期末余额发生较大变动的情况下，应收账款周转率很容易扭曲实际的款项回收情况。这种情况下，通过计算期末应收账款收入比，可以修正周转率带来的偏差。

如表 3-2 所示，是一个应收账款周转率扭曲的简单例子。

表 3-2　应收账款周转率扭曲

项目	期初应收账款	当期收入	当期收回	期末应收账款	平均应收账款	下期收回	应收账款周转率	应收账款收入比
上期	0	100	0	100	50	100	2	100%
本期	100	100	100	100	100	100	1	100%

如果只分析应收账款周转率，上期是 2，本期是 1，会得出应收账周转率大幅下降的结论，似乎回收能力出现了问题。但通过分析可知，两期都是在下一期收回上一期的应收账款，两期的应收账款收入比是一样的，实际的回收情况并没有发生变化。

如果以年度为期间，正常经营情况下，当年收入主要形成当年年末的应收账款，加之没有年初和年末平均所产生的平滑因素，通过分析应收账款收入比，更有利于分析应收账款的收回情况，更有助于发现当年收入存在的异常。如果当年收入较上年未发生显著增长，但应收账款收入比却大幅增长，这种情况，有可能是公司放宽了信用政策，全年赊销收入增长；也有可能是年末突击收入，导致信用期内的应收账款增长。

3. 存货成本比

和应收账款周转率类似，在存货期初期末余额发生较大变动的情况下，存货周转率也容易出现扭曲。这种情况下，通过计算期末存货占销售成本的比例，可以修正周转率带来的偏差。

原则上，存货与企业产品的生产销售规模应存在较为稳定的关系，因为没有期初和期末平均所产生的平滑因素，通过分析存货成本比，再结合存货的类别特征，更有助于发现存货存在的异常。如果两期销售成本未发生显著增长，但存货成本比却大幅增长，这种情况下，有可能是公司存货产生滞销积压，有可能是成本核算存在"高留低转"的操纵行为，尤其是对于某些存货数量或价值不易确定的行业，虚构存货虚增利润的风险会显著增加。

4. 总资产周转率

总资产周转率的分子是营业收入，分母是期初期末总资产平均余额。应收账款周转率和存货周转率分别是衡量应收账款周转和存货周转的分类资产周转率指标，而总资产周转率有助于综合评价企业全部资产的利用效率。

3.3.3　盈利能力比率

3.3.3.1　毛利率

毛利率是最重要的盈利能力指标，按层次从上至下可以分为综合毛利率、分行业毛利率、分产品毛利率。毛利率分析涉及业务和产品结构、产品售价、产品单位成本、成本结构、主要原材料或主要能源的单位成本和单耗水平、单位人工成本、单位制造费用，是盈利能力分析的核心"支架"。

3.3.3.2　期间费用率

期间费用率，包括销售费用率、管理费用率和财务费用率。由于不同公司之间、同一公司不同期间之间的融资结构可能不同，财务费用率往往缺乏可比性，所以期间费用率主要是销售费用率和管理费用率。

期间费用大体可以区分为固定费用和变动费用，变动费用与业务规模和销售收入高度相关，但固定费用在业务规模的一定区间内，并不随销售收入的变动而变动，故期间费用在总体上与销售收入不会呈现完全相关的关系。

分析期间费用率的重点，是通过分析公司的销售和管理模式，找出期间费用中更接近变动费用性质的项目，并进一步分析相关费用率的稳定性。例如，运费与收入的比率、佣金与收入的比率、维修费与收入的比率、研发费与收入的比率、员工薪酬与收入的比率等。上述变动费用率如果存在异常，且难以在经营活动中找到原因，往往代表着存在财务操纵的嫌疑。

3.3.3.3　实务中运用的其他指标

1. 销售净利率

销售净利率，即净利润占销售收入的比例。以净利润作为分子，可以消除毛利率和期间费用率所存在的营业成本和期间费用的划分所带来的问题。净利润中，包括了利得和损失等非正常经营利润，所以，如果以扣除非经常性损益后的净利润作为分子，则销售净利率在实际使用中更加有效。

2. 盈利现金比率

盈利现金比率，即经营活动产生的现金流量净额占净利润的比率，是评价盈利"含金量"的最重要指标。同时，该指标也是评价现金流量的重要指标。

3.3.4　综合能力比率

净资产收益率（ROE）是最具综合性的指标。一方面，站在股东投入的角度，行业和公司之间的差异消失了，ROE 可以衡量不同行业、不同企业对股东资金的使用效率；另一方面，根据杜邦分析法，ROE 是由销售净利率、总资产周转率、权益乘数（资产总额除以所有者权益，可以理解为资产负债率的变形）决定的，三个比率分别对应公司的盈利能力、营运能力和偿债能力，即 ROE 将三类指标有机结合起来。对不同公司或不同年度的 ROE 进行对比分析时，应该先分解成三类指标，再分别比较每类指标所反映的不同能力之间存在差异的原因。

　　ROE 恐怕是唯一的有固定标准的财务比率，正常的 ROE 不可能低于无风险报酬率，考虑较低水平的投资风险，平均低于 10% 的 ROE 就可以认为对股东的回报不够理想。上市公司公开发行证券的条件中，采取增发和公开发行可转换公司债券的，均要求"最近三个会计年度加权平均净资产收益率平均不低于 6%"。并且"扣除非经常性损益后的净利润与扣除前的净利润相比，以低者作为加权平均净资产收益率的计算依据"。

　　主要财务比率本身都存在一定的缺陷，并且几乎都没有客观的标准，所以，仅根据单一时点或期间的财务比率，基本无法对财务质量做出准确的判断。在财务分析中，需要结合相同比率的多期比较和同行业可比公司比较，并进一步找出财务比率高低及波动所对应的经营层面和行业层面的原因，才能最终得出有效的分析结论。

第4章

财务分析的目的和内容

财务分析的目的是评价上市实体的财务质量。财务质量，包括财务状况、盈利能力和现金流量三个方面，大体可以理解为对应资产负债表、利润表和现金流量表三张主表。

与财务分析的目的相对应，财务分析的内容同样包括对财务状况、盈利能力和现金流量三项内容的分析。有效的分析是建立在财务报表真实公允的基础之上的，如果我们面对的是一份通过系统舞弊编制出的财务报表，其财务质量的分析结论是没有任何意义的。所以，财务操纵分析是与财务质量分析并列的一项内容，且贯穿于整个财务分析过程之中。

4.1 内容与要素的关系

财务分析的对象是财务报表，财务报表可以分为会计方法、报表科目和财务比率三项要素。财务分析，即基于对内容进行评价的目的，对财务报表的三项要素进行分析的过程。

内容和要素的关系，如表 4-1 所示。

表 4-1 内容和要素的关系

分析内容	对应报表	三项要素		
		会计方法	报表科目	财务比率
财务状况	资产负债表	主要会计方法均同时影响资产负债表和利润表科目的确认、计量和披露	大部分科目钩稽关系是不同的表间科目之间产生的	资产结构和负债结构、资产负债主要科目分析	偿债能力比率、营运能力比率
盈利能力	利润表			利润表主要科目分析	盈利能力比率
现金流量	现金流量表			现金流量表结构、现金流量主要科目分析	现金流量比率
财务操纵	对财务操纵的分析贯穿于整个财务分析过程之中				

传统的四项财务比率体系中并没有现金流量比率，实务中常用的包括盈利现金比率、现金收入比率等指标。其中，盈利现金比率也属于常用的盈利能力指标。

4.2 评价财务质量

4.2.1 财务状况

良好的财务状况包括两个方面，一是资产负债结构合理，二是资产质量良好。

4.2.1.1 资产负债结构合理

衡量资产负债结构，一是通过资产结构比、负债结构比来评价相关结构的合理性。良好的结构比需要与公司的行业特征和经营特点相适应。二是通过资产负债率、流动比率和速动比率等指标评价长期和短期偿债能力。上述静态指标对偿债能力的评价存在局限性，偿债能力更多受到公司现金流量、融资渠道、资金筹措能力的影响。三是分析流动、非流动资产和流动、非流动负债之间的配合情况，"错配"将影响财务弹性和资金使用成本。

4.2.1.2　资产质量良好

资产质量，主要包括流动资产的可收回性、非流动资产的有效性和资产周转能力的高低。

1. 流动资产的可收回性

应收账款和存货是最为重要的流动资产。应收款项的可收回性取决于应收客户质量的高低，财力雄厚、信用优良、长期合作的客户，其回款的风险就小。存货的可收回性则取决于生产模式和产品的市场销售情况，"以销定产"的存货，显然比"以产定销"的存货具备更好的可收回性。

通过应收款项的账龄分析和存货的库龄分析，可以直观体现出可能存在的回收风险。为量化回收风险，则需要计提应收款项的坏账准备和存货跌价准备。

2. 非流动资产的有效性

非流动资产可以分为有形资产和无形资产两大类。

（1）资产的使用情况。

对厂房、生产线、机器设备等有形资产来说，在生产经营中持续利用越充分，其有效性就越高。所以，通过分析固定资产的产能利用情况、与生产规模及销售收入的匹配情况、固定资产的闲置情况等，可以评价固定资产的有效性。

无形资产（土地使用权、林地使用权等除外）具有特殊性。真正源于企业内部的品牌、核心技术、渠道、管理团队等关键的无形资产往往都无法体现在报表上，报表上体现的，要么是外购的、以历史成本计量的专利和技术，要么是企业内部通过开发支出资本化形成的技术。无形资产中的相关技术，评价其技术领先性是分析资产有效性的关键，对于源于内部资本化的技术，更是要结合产品研发的实际情况，以及同行业可比公司的资本化特点，确定其是否属于有效资产。评价有效性有两个基本判断标准，一是该技术是否真正在持续使用，二是该技术的使用是否能给企业带来持续超额收益。

此外，通过并购产生的商誉也是一类非常重要的无形资产，其产生和持续计量都具有高度的主观性，对其有效性做出准确评价是非常困难的。

（2）折旧和摊销。

出于资产价值随时间逐步转移至费用的假定，大部分有形资产和无形资产均需要按期计提折旧或摊销。折旧或摊销的方法直接影响当期利润和期末资产价值，所以，对其相关方法的适当性做出评价是非常重要的。

（3）资产减值。

处于正常使用状态的有形或无形资产，一般不需要考虑计提减值。处于无法正常使用、正常使用已无经济价值、持有待售等非正常状态的资产，一般需要基于处置的角度来确定其可收回金额。例如，对于陈旧过时或已实质性损坏、已经或者即将闲置、终止使用或计划处置的固定资产等有形资产，需要预计其处置净收入来确定可收回金额；对于已经或者即将被其他技术替代，已经失去获取超额利润能力的相关无形资产，其处置净收入很可能为零。

对于商誉，除非被并购主体的经营出现了严重问题可能会导致全额计提的情况，一般情况下，都需要通过定期计算相关主体未来现金流量的折现值来确定可收回金额。折现值的计算涉及重要的主观估计，其准确性通常是非常难以把握的。

3. 资产周转能力的高低

主要是通过应收账款周转率评价应收账款的周转能力，通过存货周转率评价存货的周转能力，通过总资产周转率评价总资产的周转能力。

4.2.2　盈利能力

面对财务报表，我们最关心哪张报表？资产负债代表未来，你可以回答最关心资产负债表；所谓"现金为王"，你也可以回答最关心现金流量表。但是，在当前的实务环境中，净利润是资本市场最为关注的财务指标，市盈率是最主流的估值方法，对利润的财务操纵具有一定的普遍性。所以，诚实地回答，作为外部财务信息使用人，我们最为关心的应该是利润表，是上市实体的盈利能力。

良好的盈利能力，是指企业赚取良好"核心利润"的能力。"核心利润"，指主营业务在正常生产经营和正常会计核算等基础上所取得的经常性净利润。主营业务的正常生产经营，需要排除非主营业务和非正常经营产生的利润；正常会计核算，需要排除一些过于激进的会计核算产生的利润；经常性净利润，需要排除非经常性损益。

4.2.2.1　核心利润

常见的利润指标，包括净利润、税前利润、扣除非经常性损益后的净利润、EBIT、EBITDA 等五种。在评价盈利能力之前，我们要先了解一下常见的利润指标是否满足"核心利润"的定义。

净利润，直接取自于利润表，其问题在于净利润既有主营业务产生的，又有非主营业务产生的，既包括经常性损益，也包括非经常性损益；税前利润，直接取自于利润表，扣除了所得税，但仍然与净利润有同样的问题；扣除非经常性损益后的净利润，在净利润的基础之上扣除了非经常性损益，但是经常性损益中可能包括非主营业务产生的利润，也可能包括一些非正常的核算产生的利润；EBIT、EBITDA 这两个指标在我们的财务分析实务中并不经常使用，从性质上，扣除了财务费用、企业所得税、折旧和摊销费用后的利润，实际上已经脱离了利润的范畴。此外，也存在没有考虑非经常性损益、没有考虑非主营业务产生的损益、没有考虑非正常核算产生的损益等问题。

综上，现有利润指标都无法满足"核心利润"的概念，所以我们在财务分析的过程中，需要在净利润的基础上，重新计算"核心利润"。下面是需要考虑扣除的项目。

（1）非主营业务所产生的损益。

非主营业务，主要指公司并不实质性参与生产经营的业务。例如，持有的非控股的股权投资在持有期间所产生的投资收益。

（2）非正常经营所产生的损益。

非正常经营，主要指不具有持续性的优惠条件下的经营，以及不合法合规的经营。例如，不具有持续性的税收优惠所带来的收益，未能按法律法规足额缴纳员工社保所带来的收益。

（3）非正常核算所产生的损益。

非正常核算，主要指相对于同行业可比公司较为激进但又不构成错误的一些会计核算方法。例如，开发支出资本化有可能被认为是不正常的核算方法，其形成的当期收益属于非正常核算所产生的损益。

（4）非经营性损益。

即根据中国证监会《公开发行证券的公司信息披露解释性公告第 1 号——非经常性损益》应确定的非经常性损益。在实务中，对某些非经常性损益的认定也存在一定的主观性，所以仍然需要根据财务分析的不同场景进行判断。

4.2.2.2 盈利质量

盈利质量分析，应建立在"核心利润"的基础之上，盈利质量分析的内容，包括盈利水平、盈利结构和盈利趋势三个方面。

（1）盈利水平。

盈利水平指盈利金额。对于上市实体而言，很多时候相关规则对净利润金额有明确的要求，所以绝对性的盈利水平是上市实体财务质量的一项基本保证。

关于净利润水平与IPO公司过会率（通过发审会的比率）的关系，有人在对2017年250家IPO公司进行过会率分析后得出结论：整体而言，失败率随着利润规模的升高而下降。最近一年扣除非经常性损益后净利润在3000万元以下的，失败率高达92%；4000万元以下的，失败率高达63.64%；净利润超过5000万元，才是相对保险的，失败率降到20%左右。⊖这个统计足以说明盈利金额对于上市实体的重要性。

（2）盈利结构。

盈利结构，主要包括收入结构、毛利结构和对应的毛利率，结构指业务类别、产品类别或其他重要类别。盈利结构的稳定性，与行业生命周期、产品生命周期及企业的经营特征相关。稳定的盈利结构，表明标的公司的生产经营具有稳定性，业绩也具有稳定的基础；结构不稳定，可能是受到整个行业的生命周期进入了不同阶段的影响，可能是标的公司进入了新行业或退出了旧行业，可能是主营产品处于产品生命周期不同阶段，可能是标的公司在市场上的竞争力较弱，尚未形成真正有持续销售能力的产品或服务。

盈利结构的历史特征，也在很大程度上决定了未来的盈利趋势。

（3）盈利趋势。

盈利趋势，包括历史盈利趋势和未来盈利趋势。历史盈利趋势体现在历史财务数据之中，本节着重分析未来盈利趋势。

未来盈利趋势包括盈利增长性和盈利持续性两种"面向未来"的能力，未来是什么样子，谁真正能说清呢？所以，我们能够进行相对"靠谱"分析的未来期间正常应该短于三年。增长能力，是分析经营业绩是否具有足够的成长性；持续能力，是分析经营业绩是否能够保持，是否存在影响持续经营能力的重大不利事项。

盈利趋势的分析，需要考虑三个方面的影响。

第一方面，是依据历史盈利结构和盈利趋势，对未来做出趋势性预测。

⊖　来源于微信公众号"鹏拍"。

连续多年具有稳定的盈利结构，并具有良好的增长性，那么未来具有持续成长性的可能性就很高；近期业务已出现下降，且造成下降的主要因素在短期内无法消除，那么不但谈不上增长，可能未来的持续经营能力都存在很大的问题。此外，如果假设未来经营模式或盈利结构会发生重大的变化，基于这种变化的盈利预测大部分情况下很难变为现实。

第二方面，是依据目前的客户意向性需求、在手订单、尚在执行的合同等情况，分析已经具有确定性的未来业绩。该业绩是未来预测业绩的最低保障。

第三方面，确定营业收入的关键驱动因素，并根据行业特征、企业经营特点等对关键因素进行预测性分析，进而对未来业绩做出预测。公司的核心经营指标，一般均属于最重要的关键驱动因素。

以一家餐饮门店为例，其营业收入＝座位数 × 翻座率 × 顾客人均消费，即座位数、翻座率、顾客人均消费都属于收入的关键驱动因素。在对收入进行预测性分析时，需要对三个因素均做出合理预测。正常来说，座位数和顾客人均消费在一定期间内是固定的，应等于或接近历史数据，真正需要做出预测的是翻座率，即进店消费的客流。

4.2.3　现金流量

从报表编制的逻辑看，资产负债表和利润表已经决定了现金流量表，故现金流量不存在好和坏之分，而应该是正常和不正常。现金流量表的核心是经营活动现金流量，正常与否，本质上反映了财务状况和盈利能力是否存在不正常的情况。

现金流量的分析主要有两项内容：一是主表、副表与资产负债表、利润表及相关数据的钩稽，以确保不存在编制错误；二是对不正常的情况进行重点分析，不正常情况主要包括经营活动产生的净现金流与净利润严重背离、经营活动产生的现金流在报告期内大幅波动等情况。

4.3　发现财务操纵

财务操纵[⊖]包括财务舞弊和财务粉饰两种情况，财务粉饰又称为盈余管理。上市实体的财务舞弊，几乎都是管理层组织的，以虚构利润为目的的系统性造假。盈余管理，是在会计准则的框架之内，在不越界为财务舞弊的底线之上，管理层过于主观地运用或刻意迎合准则，以达到操纵利润的目的。盈余管理与财务舞弊存在本质的不同，尽管二者经常无限接近。

发现财务操纵贯穿于整个财务分析的过程之中。财务分析的过程，也是财务数据和非财务数据互相印证的过程，在这个过程中，如果我们发现无法印证、有违常识或难以理解的财务数据及其背后异常的业务数据，"反常即为妖""Too good to be true"，那么就很有可能意味着财务报表中存在财务舞弊。

基于有效发现舞弊的考虑，我们需要将关注点特别集中于财务舞弊高发的领域，并根据"舞弊恒等式"的原理，找出财务报表中存在的舞弊信号，并采用适当的方式应对标的公司的财务舞弊行为。

⊖　关于财务操纵的相关理论和方法，可参考拙作《IPO 财务透视：方法、重点和案例》。

第 **5** 章

财务分析的主线与核心

我们理解了财务分析的对象和要素，理解了财务分析的目的和内容，也收集了足够的财务和非财务数据，好比我们有一辆车，知道了目的地，也加满了油，那么，我们该沿着什么样的路线行驶，该如何控制方向盘，才能让这辆车安全快速地到达目的地呢？

行驶路线，就是财务分析应遵循的主线；方向盘，就是财务分析应把握的核心。

5.1　财务分析的主线和误区

财务报表的要素，包括报告使用的会计方法、报表科目、财务比率等三类。对于某单一会计期间，这些内容是静态的，由于没有明确的标准，所以无法直接对其做出全面、准确的评价。举一个很简单的例子，一个公司的毛利率是30%，你认为是低还是高？如果不知道公司所处的行业，不知道可比公司的情况，不知道其以前年度的变化情况，是没有办法给出准确结论的。

"没有比较就没有鉴别"，所以，我们在对三类要素进行静态分析的基础上，还需要基于时间和空间来进行比较分析。基于时间，具体而言，是指以时间为横轴，将同一财务数据逐月、逐季和逐年进行列示，进而对时间轴上的曲线进行变动趋势分析，并最终找出引发变动的相关经营活动；基于空间，具体而言，是指以空间为纵轴，将同一行业内的各可比公司的同一财务数据进行列示，进而根据空间轴上的高低进行比较分析，并最终找出决定其竞争地位的相关经营活动。

基于时间的横向比较和基于空间的纵向比较，是财务分析的两条主线。在实际运用中，两条主线纵横交织，经常是将标的公司多期数据与可比公司的多期数据共同列示，既比较同一年度的数据高低，又比较相同时间段内的趋势异同。

5.1.1　横向比较

横向比较的关键是足够的时间跨度，比较理想的是 5 年，除了年度之外，如果能够列示出季度，就是 20 个季度，如果列示出月份，就是 60 个月份，这样既可以进行长时间轴的比较，又可以进行年度之间的季度或月份数据的比较。

5.1.1.1　横向比较的逻辑

横向比较是最有效和最常见的方式，其逻辑在于：

第一，同一经营主体如果长年运行同样的主营业务，相关多期财务数据能够体现出真正的经营周期和经营趋势。

第二，某年度财务数据的真实性可能存在问题，但是从财务操纵的手段和实施难度来看，连续多年的大规模的财务操纵通常是难以为继的，在一个较长的趋势中，比较容易发现存在财务操纵的迹象。

5.1.1.2　横向比较的框架问题

同一合并主体的财务报表在不同期间的横向比较，需要注意合并范围的一致性和会计方法的一贯性。

1. 合并范围的一致性

在财务分析的整个期间内，如果标的公司存在并购新主体或处置原主体的交易，那么各期财务报表的合并范围是不一致的，其业务范围和业务规模在整体报告期内也可能已发生重大的变化。在这种情况下，可以先将各期的财务报表按最后形成的架构进行模拟调整，再对相同架构下的历史财务数据进行横向分析。模拟调整不可行的，在分析具体科目时至少需要单独考虑因合并范围发生变动产生的影响。

2. 会计方法的一贯性

在财务分析的整个期间内，需要关注各期财务报表所使用的会计方法的一贯性。如果存在重大的会计政策变更事项，则需要对整个期间的财务报表按变更后政策做出完整的追溯；如果存在重大的会计估计变更事项，也可能需要假定变更后的会计估计一直使用，进而对财务报表做出模拟调整。

5.1.1.3　横向比较的误区

在实务中，横向比较需要注意以下两个影响真实趋势的问题。

1. 主要会计方法的隐蔽变更

公司正常披露的会计方法变更，要么是需要进行追溯调整的会计政策变更，要么是未来适用的会计估计变更，在财务分析过程中，我们当然会考虑会计方法变更对比较期间数据所带来的影响。

但是，有时候公司会对某些重要会计方法进行隐蔽的变更，即并不涉及会计政策和估计的公开变更，而只是在实际运用中的判断和尺度发生了变化，进而引起可比期间相关财务数据的重要变化。

一个常见的例子，是"开发支出资本化"在实务中的运用，一些公司为了适应不同的业绩需要，在不同期间对相关项目是否满足准则所规定的资本化条件做出任意的判断，即在不同期间实质性地变更了对该准则的运用方法，直接歪曲了相关期间的可比利润。如果一个长年存在"开发支出资本化"的公司，其可比期间的资本化率（当期开发支出占当期研发费用总金额的比例）大幅波动，且在其研发活动中找不到相关的可靠依据，那么很有可能是对准则的运用进行了隐蔽的变更。

2. 隐蔽的业务合并

企业业务成长，除内生性成长之外，还包括通过并购带来的外延性成长。从并购方式上看，包括股权收购和业务收购两种类型，根据会计准则的规定，依据不同性质的交易对手，并购可以划分为同一控制下企业合并和非同一控制下企业合并。所以，对于公开的企业并购，根据并购方式和性质，可以将并购业务准确地体现在合并报表之内。也只有这样，在进行不同期间的财务分析时，才能对公司成长性，以及可比期间的财务数据做出正确的理解。

但是，有一些实质上的合并，出于一些主观或客观的原因，合并过程并没有体现在财务公开信息之内，而这些合并却带来了业务的急遽增长。如果不能察觉这类隐蔽的合并，我们在进行财务分析时，很可能将其错误理解为良好的内生性成长。

实务中，主要有以下两种情况：

第一种情况，是不构成业务合并的收购。与股权收购不同，收购一块业务是否构成会计意义上的业务合并，需要对是否构成"业务"进行判断，判断过程当然会存在一些主观性因素。如果不构成业务合并，那么在财务信息上体现出来的，可能只是收购了一项资产，或者什么都不需要体现，但是真实的业务已经通过客户转移、员工转移等转入公司，相关业绩在完成转移之后会突然体现在财务信息之中。

第二种情况，是对实际控制人的相同业务进行的隐蔽整合。同一实际控制人控制的业务，可能分别在几个不同的主体中运行，但出于一些不同的诉求，这些业务可能大部分并非实际控制人直接持有，而是由第三方代为持有。在业务整合过程中，对于第三方持有的公司，如果标的公司无法或不愿将其论证为同一实际控制人，那么往往有两种方式进行处理，一种是作为非同一控制下合并进行收购，由于改变了交易性质及合并的会计处理方式，所以可能会扭曲整体业务的成长性等重要财务信息。另一种是出于税收成本和财务规范性的考虑，最终只是将业务隐蔽地整合进来，不向第三方支付或支付很少的对价。与第一种情况相似，那么在财务信息中体现出来的可能只是收购一项资产，或者什么都不需要体现。

一个有代表性的例子：某标的公司在新三板挂牌前，对实际控制人控制的相同业务进行了整合。实际整合中，除挂牌主体外，其他主体均在无关联第三方名下；其他主体财务规范性很差，定额纳税，且前期财务数据无法规范；相关业务属互联网业务，资产很轻，各主体运行相对独立，除客户、人员之外，无其他重要的资源要素。该公司最终采取的整合方案是：由于其他主体不具备财务规范性基础，该公司无法通过股权收购实现整合，公司只是将其他主体的客户重新与挂牌主体签订了合同，人员重新在挂牌主体招聘入职，不涉及任何的合并和资产收购。重组完成后，标的公司收入和业绩暴涨，比较期内的成长性成为其经营亮点。但实际情况是，在完整的可比主体下，重组后的业务收入和业绩比之前是有所下降的。

5.1.2　纵向比较

纵向比较的关键是选择最为适当的可比公司。可比公司的适当性，一方面需要真正的可比，如果是一头亚洲象，最好找到几头亚洲象去对比，如果实在找不到，也许找几头非洲象也可以说明问题，但是如果认为都是食草动物就去拉来几头奶牛对比，这对于相关分析是毫无意义的。

最好的可比公司，当然是直接竞争对手，尤其是市场地位更加靠前的直接竞争对手。另一方面，在真正可比的前提下，可比公司最好是多家，即至少三家。因为有足够多的可比公司，其相关财务数据综合后即形成了行业平均数据，这样就修正了单一可比公司数据个别性可能产生的影响，更有助于通过纵向比较做出正确的判断。

5.1.2.1　纵向比较的逻辑

纵向比较作为另一种有效和常见的方式，其逻辑在于：

第一，纵向比较的对象是行业内竞争对手，这等于对相关财务数据提供了一个较为客观的标杆，对于远高于或远低于该标杆的数据，更需要重点审视数据背后的业务差别，并客观评判公司的竞争地位。

第二，如果存在财务操纵，则很可能是源于业务的系统性操纵，财务数据和业务数据同属内部数据，经常能够配合良好，很难发现异常。但行业可比公司数据属于具有客观性的外部数据，与之比较，除非有技术、成本、管理上的超高壁垒，否则很难在业务逻辑上对远优于可比公司的财务数据给出完美的解释。

5.1.2.2　纵向比较的误区

在只有一个可比公司的情况下，无法通过对多家可比公司财务数据的综合而形成行业数据，如果该可比公司本身财务数据是偏离同行业的，那么比较的标杆是不准确的，也就无法做出正确的判断。所以，单一可比公司可能会形成纵向比较的误区。

一方面，对于单一可比公司，影响其财务数据出现个性化特征的可能性因素有很多。有直接因素，如技术工艺、生产线建设成本、产能利用率等，诸如此类的生产经营细节经常难以公开获取；有非直接因素，如股东背景、管理层能力、不同地域的政策环境等，其对财务数据的影响无法进行客观评价。

另一方面，对于单一可比公司，其财务数据的真实性也不一定是可靠的。但是，我们在同行业对比时，往往会默认可比公司的财务数据是真实的。如果不幸对比的是一家存在严重财务操纵的公司呢？那可能得出的是完全相左的分析结论。

一个有代表性的例子：某标的公司的主要产品的市场占用率为行业第二，其唯一的可比对象是一家老牌上市公司，行业龙头，直接竞争对手，原则上是最适当的可比公司。报告期内的财务数据对比，标的公司的毛利率一直高 10% 左右，相关产品的售价基本一致，即产品单位成本一直低 10% 以上；非财务数据对比，上市公司的技术路线较标的公司更为先进，理论上该技术路线下可以节约 10% 的成本。如果只是从大体上分析，标的公司的财务数据存在异常，财务分析中很可能会被质疑存在财务舞弊行为，才导致毛利率远高于同行业。

但是，可能对该上市公司生产成本产生影响的直接或间接因素有很多：

（1）采购成本，距离主要原料供应地较远，需要支付更多的运输费用。

（2）上市公司地处东部沿海，人工成本要高于标的公司。

（3）能源成本为产品的重要组成部分，但上市公司的能源采购完全依赖于关联交易。

（4）产能利用率偏低，技术路线只是原理上先进，实际运行不一定能达到设计效果。

（5）标的公司核心管理团队行业经验超过 20 年，在行业内享有盛誉。

（6）上市公司为地方国有企业，多年来亏损或微利，即使是在行业周期里景气度最高的年份，也没有明显的大幅盈利。

（7）上市公司连续两任董事长都因为贪污入狱。

在对标的公司的财务分析中，尽管能够找出许多潜在原因，但是由于大部分缺乏公开可用的资料，实际上每一项影响都是难以量化的。但如果忽略上市公司存在的个别性因素，而仅以此断定该标的公司存在财务舞弊，那的确是非常武断、非常残忍的行为。实际情况是，标的公司的业绩是真实可靠的，上市公司的相关业务已准备重组出售了。

5.2　财务分析的核心

下面是两位财务分析专业人士——"合伙人"（P）和"经理"（M）的一段对话。

P：标的公司本年底的应收账款比上年末有大幅度的增长，什么原因？

M：因为公司收入增长了，带动了应收账款的增长。

P：应收账款增幅和收入增幅对比过没有，哪个更大？

M：对比过了，应收账款增幅超过收入增幅，超过幅度还不小。

P：什么原因？信用期放宽了？

M：没有，信用期还是3个月，是因为今年第四季度实现的收入，比去年同期有大幅增长，而该季度形成的应收账款，目前还在信用期内。

P：什么客户带来的增长，是新客户还是老客户？第四季度的产品有变化吗？

M：新客户和老客户都有，客户资料都检查过了，都是比较知名的客户，没有异常。产品没有变化，还是原有产品，只是销量和售价都有大的提升。销售模式也没有变化，还是以直销为主。

P：产品有季节性吗？

M：没有明显的季节性。

P：那为什么第四季度比前三个季度有大幅度增长？

M：行业有周期性，前面几年一直处于行业周期的低谷，第四季度行业开始反转，且回升得很快，年底已恢复至前期最高水平。

P：产销量大幅波动，产能利用率正常吗？

M：产能利用率在第四季度恢复到近100%了，生产用能源主要是电，电量和产量的关系也分析过了，基本是吻合的。

P：看过这个行业近期的研究报告吗？有同行业可比公司吗？

M：网上看到了一些研究资料，本年的行业趋势是可以确认的。公司是行业第二，行业老大是上市公司，有公开资料。

P：可比公司第四季度怎么样？

M：对比过了应收账款和第四季度收入数据，与标的公司的相关增长基本是吻合的。该上市公司定期报告中也分析了相关原因，主要也是第四季度行业景气度快速回升。

P：好的，再关注一下一季度的行业趋势和公司一季度的销售情况。

很显然，这是两位"老司机"的对话，整个谈话就是一个对应收账款增长进行财务分析的过程，逻辑依次如下：

（1）应收账款大幅增长（财务问题）。

（2）应收账款和收入增幅的对比（确认财务异常，并且是一个财务操纵的信号）。

（3）是信用期的原因还是收入增长存在异常（提出可能的经营层面的原因）？

（4）客户、产品及销售模式是不是存在异常（寻找经营原因，继续排除财务操纵）？

（5）产品的产能、产量是否存在异常（寻找经营原因，继续排除财务操纵）？

（6）是否符合行业特点和趋势（找到行业原因）？

（7）与可比公司是否趋势一致（与可比公司进行印证）？

显然，要解释清楚一个财务问题，在财务"圈圈"里打转是不行的，首先要找出经营层面与之相关的产、供、销等环节的原因，并最终需要找到相应的行业趋势并与可比公司进行对比印证。财务数据存在异常，经营层面无法解释清楚或者行业和可比公司层面无法得到印证的，就无法排除可能存在的财务操纵。

5.2.1　财务数据与非财务数据的印证

财务数据是公司经营活动的结果，经营活动产生了财务数据，反之，财务数据的高低或波动则体现了公司经营活动的特征和变化。经营活动离不开公司所处的行业特征及其经营模式，通过分析相关非财务数据，可以对财务数据建立预期；而财务数据的特征和变化，都需要在非财务数据中得到相应的支持，超出预期或无合理支持的即很可能是财务操纵的线索。

综上论述，财务数据和非财务数据之间的相互印证是财务分析的核心。无论是在会计方法、报表科目、财务比率等三类要素的分析中，还是在多期比较（横向）、可比公司比较（纵向）两条分析主线里，财务分析都是财务数据和非财务数据进行相互印证的过程。

印证过程的框架详见图 5-1。

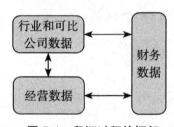

图 5-1　印证过程的框架

5.2.1.1　从非财务数据到财务数据

从非财务数据到财务数据，重点是通过了解标的公司所处行业的特征和公司业务模式的特点，建立起明确的财务预期。主要预期包括：对关键会计方法的预期，对资产结构、盈利能力、现金流量等财务质量的预期，对财务操纵风险的预期。

1. 关键会计方法

关键会计方法，是重要业务适用的，存在可选择性，对公司财务报表具有重大影响的会计方法。根据公司所处的行业特征、业务模式，考虑其在准则基础上可能适用的不同会计方法，并结合可比公司对准则的相关运用，对公司的关键会计方法做出预期，理解并确定不同方法在运用过程中的会计关键点。

2. 财务质量

（1）资产结构。

公司所处的行业是"重资产"还是"轻资产"行业，影响流动资产和非流动资产的比重；公司与行业上、下游的相对地位，公司具体的销售模式，均影响应收账款和应付账款的多少；公司"以销定产"还是"以产定销"，影响存货的多少。

（2）盈利能力。

通过了解同行业和可比公司的盈利能力，可以对公司毛利率或净利率等相关盈利能力指标有一个明确的预期。通过了解公司产品所处市场的规模和发展前景，可以得出对成长性的预期。通过了解公司的业务增长是研发驱动还是营销驱动，可以得出期间费用结构的预期。

（3）现金流量。

公司所处的生命周期、公司的发展规划、公司与行业上下游的相对地位，以及相关资金结算模式的特点，决定了对现金流量的预期。

3. 财务操纵预期

对于"农林牧副渔"、软件、网络游戏、工程施工等容易产生财务操纵的行业，应保持更高的舞弊预期；根据经营模式、资产特征和可能选择的关键会计方法，可以对存在操纵迹象的重点领域建立预期。

5.2.1.2 从财务数据到非财务数据

财务数据直接来源于内部经营数据，所以与经营数据的适应性是首要的分析过程。由于可能存在系统舞弊，所以经营数据并不能默认为是真实完整的。虚构的经营业务可能会造成某些核心经营指标的扭曲，所以需要用经营指标与财务数据进行印证。公司经营的变化很可能源于行业形势的变化。此外，对于财务数据和业务数据配合良好的系统舞弊，仅通过经营数据的印证无法发现或无法最终判断是否存在财务操纵，所以需要进一步利用行业及可比公司的相关数据对财务数据进行再次印证。

1. 与经营数据的核对

基于良好内控的需求，主要业务流程中，非财务部门相应产生并留存重要的采购、生产、销售、研发等业务数据。财务数据与其对应的业务相关数据进行核对，是一项基础的分析工作。当然，在 ERP 环境下，财务数据和业务数据的来源是一致的，这项核对在实务中可能并没有太大的实际效果，但这并不代表这个核对是完全无效的。一些虚构的业务，在业务单据的细节上可能会有一些与真实业务不一样的特征，"魔鬼在细节"，这可能就是存在财务舞弊的信号。

"振隆特产"舞弊案中，通过虚增出口销售单价的方式虚增利润，实际上相关出口合同与正常合同比较，有一个值得怀疑的细节："公司提供的与各个境外销售客户签订的合同的格式大致相同，合同中缺少对外贸易合同的一些基本要素，如对货物质量的约定（如纯度、含水率、破损率等）、包装标准、付款条件（如见票即付）、需要提交的文件（如发票、提单、各种检疫检验证明文件等）。"⊖忽略了这个细节，成功发现舞弊的可能性就下降了一些。

2. 与核心经营指标的印证

根据不同行业的生产经营特点，确定对经营成果具有直接驱动性的核心经营指标，或与生产销售存在一定线性关系或总体支撑的非财务核心数据，并以上述指标及数据对财务数据进行印证。

以制造业为例，其核心经营指标有可能包括产能利用率、良品率、主要

⊖　来源于中国证监会网站 www.csrc.gov.cn。

原材料单耗；非财务核心数据包括产量与能源使用（水、电、气）匹配性、产量与主要设备匹配性、市场占有率、行业排名等。

3. 与行业及可比公司数据的印证

公司经营的变化很可能源于行业形势的变化，进而引起公司财务数据的波动。在很多情况下，财务数据变化可以在行业的变化中得到印证，例如行业的周期性波动、行业的上下游变化、行业中竞争态势的变化等。

如果存在数量适当、经营范围和经营模式都基本一致的多家可比公司，那么结构指标、趋势指标和比率指标等主要财务数据都可以用来和公司数据进行对比印证。

5.2.1.3　从经营数据到行业及可比公司数据

几乎不存在经营模式完全一样的可比公司，所以通过分析经营模式的差异，有利于理解相关财务数据产生差异的原因。此外，产生于企业内部的核心经营指标，一方面要与财务数据进行相互印证，另一方面，还需要与行业和可比公司的相关经营指标进行印证。

5.2.2　如何建立财务预期

下面以建筑装饰行业中的公共建筑装修子行业和纺织服装、服饰行业中的女装子行业为例，说明建立财务预期的过程。

5.2.2.1　建筑装饰行业中的公共建筑装修子行业

表 5-1 列示了该子行业的与行业特征相关的关键数据。

基于以上关键非财务数据，可以建立以下初步财务数据预期。

1. 会计方法预期

该行业的关键会计方法为建造合同完工百分比法的具体运用。完工百分比的确定具有选择性，可能是成本进度，也可能是工程量进度，工程量进度需要业主对工程量的定期确认，是第三方证据，所以通常认为比成本进度更具有可控性。此外，还需要关注收入总额的确定和变更、预算总成本的确定和调整、实际发生成本的确定过程和依据。

表 5-1　公共建筑装修行业相关的关键数据

行业划分	大类行业[①]	建筑装饰行业
	子行业	公共建筑装修子行业
	细分市场	公共建筑装修市场（公装市场）和住宅精装修市场
市场概况	市场规模	"大行业、小公司"的特征明显，市场规模巨大，企业数量众多，市场竞争激烈，行业集中度很低，但也已经出现了集中的趋势
	发展趋势	行业总体处于快速增长阶段。公共建筑投资快速增长，拉动公装市场快速增长；商业住宅开发的持续增长，以及精装修比例的逐年提高，带动住宅精装修市场快速增长
技术状况	技术水平	国内装饰企业与国际先进水平相比，仍存在差距。主要体现在装饰设计、装饰材料应用和现场施工手段上。目前国内一线企业技术水平相差不大，企业现场施工的装备水平普遍不高
行业上下游	行业上游	建筑装饰材料行业，供应充足，品类繁杂，存在一定的地域性特征，故对单一供应商难以形成大宗采购。相对而言，大型建筑装饰企业对其上游供应商处于强势地位
	行业下游	下游行业为商业地产、高端住宅、酒店业、文教体卫业等。由于行业竞争激励，相对而言，建筑装饰企业对其下游客户处于弱势地位
竞争情况	行业主要壁垒	企业资质、品牌和项目经验。另外，规模扩张需要投入大量的流动资金，故资金也是一个壁垒
	行业主要企业	行业百强中的前10强公司基本都已经上市，且业务结构和模式基本一致；无处于市场支配地位的企业；各公司都存在各自的优势地域，同时也都与大客户存在很强的黏性
周期性、区域性和季节性特征	周期性	公共装修行业的周期性与国民经济发展的周期性基本一致，住宅装修行业与房地产行业有一定的关联性
	区域性	除少数公司具有全国布局的能力，大部分公司只能在一定区域内开展业务
	季节性	对于全国布局的公司，季节性不明显
主要经营模式	业务承接	主要包括公开招标和邀请投标两种方式，政府、国有企事业单位，主要采用公开招标方式，非国有企业普遍采用邀请投标

（续）

主要经营模式	合同签订	与业主签订工程施工合同，合同金额较大，周期较长，先签订合同，再组织工程施工。此外，在施工过程中由于实际工作量有增有减，故合同变更带来的增减项都是比较常见的
	采购模式	材料采购，包括自主采购、甲方指定乙方采购、甲方供应三种方式。其中，甲方供应材料不构成乙方的采购，甲方指定乙方采购材料几乎没有利润
	劳务分包	行业内一般通过劳务分包解决现场用工，出于管理协调的需求，大部分企业将劳务分包集中于几家常年合作的劳务公司
	项目管理	项目制，由项目经理负责，主要管理包括：工程施工进度管理、工程变更管理、工程质量及安全管理、工程事故管理、成本控制管理、档案管理
	竣工验收	分为竣工验收和竣工决算两个阶段，且一般间隔时间较长
	资金结算	阶段性结算收款，一般流程分为：预收款、进度款、决算款和质保金。由于下游客户处于相对强势地位，资金结算容易受到其现金充裕程度、结算周期等因素的影响
行业核心指标	行业利润水平	高端建筑装饰市场，参与企业主要是行业百强企业中排名靠前的企业，利润率显著高于中低端市场，且呈稳中有升的态势。同行业上市公司平均毛利率约17%
	行业经营指标	建筑装饰业百强的排名情况、人均产值

①行业分类依据为中国证监会发布的《上市公司行业分类指引》。

2. 财务质量预期

（1）资产结构。

轻资产行业，经营的核心是依靠项目管理能力，不需要大的机械设备投入，故资产应该以流动资产为主。该行业由于客户强势、分进度收款、结算周期长等原因，应收账款应该较大，且可能会形成较长账龄。理论上，存货应该以建造合同下的已完工未结算工程施工为主。由于下游客户占用资金较为普遍，所以公司也会尽量去占用供应商和分包商款项，故会形成一定规模的应付款项。但由于上游供应商的规模，以及分包商需要及时发放劳务费等原因，应付款项规模要远小于应收款项规模。为了弥补流动资金不足，公司应该存在一定的有息负债。

（2）盈利能力。

营业收入不应该存在明显的季节性；行业内大量上市公司，业务模式基本一致，排名接近的企业利润水平应该与行业平均水平接近，且一定时间内应该是较为稳定的；不同项目间的毛利率水平可能存在一定的差异。

（3）现金流量。

由于持续占用流动资金，规模越扩张，经营活动现金流量相比净利润越差，出现负数也是正常的。

3. 舞弊风险预期

舞弊风险较高，主要体现在使用成本进度对完工百分比的操纵，所以需要重点关注预算总成本、实际发生的成本、同一项目的毛利率波动、工程量进度和成本进度的差异等方面。

同一项目的毛利率大幅度波动、偏离行业平均利润率、偏离行业人均产值等是判断是否存在财务异常的关键指标。

5.2.2.2　以纺织服装、服饰行业中的女装子行业为例

表 5-2 列示了该子行业与行业特征相关的关键数据。

基于以上关键非财务数据，可以建立初步财务数据预期。

1. 会计方法预期

该行业的关键会计方法主要是存货跌价准备的计提方法和特殊收入的处理方法。该行业存货普遍是最为重要的资产，"过季"品类容易形成积压而形成大量的损失，存货跌价准备计提比例的高低将在很大程度上影响报表利润。该行业涉及的特殊收入的处理方法也将在一定程度上影响当期利润，主要包括：会员积分奖励的会计处理，会员积分可能需要估计其公允价值，进而影响收入当期确认和递延确认；退、换货的会计处理，涉及对退换货率的最佳估计。

表 5-2 女装行业相关的关键数据

行业	大类行业①	纺织服装、服饰业行业
	子行业	女装行业
	细分市场	女装行业之中的中高端品牌市场
市场概况	市场空间	我国服装整体呈现"大而不强"的特点，实施品牌战略是我国服装业转变发展方式的重要途径；目前，女装品牌已超过 2 万个，数量众多的服装品牌呈现出充分市场化的竞争格局，市场集中度较低；中高端女装品牌处于成长期前期，市场空间巨大，市场占有率将进一步提升
	发展趋势	随着行业领先企业在技术、人才、渠道及资金等方面的集聚，中高端女装行业的市场集中度将进一步提高，并有望出现国际性品牌；市场渠道将由线下百货渠道为主向线上线下渠道协同发展
技术状况	技术水平	相关技术包括研发设计、供应链管理、品牌渠道运营、信息系统建设。相关技术与国际先进水平存在一定差距，国内品牌女装企业基本处于同一水平
行业上下游	行业上游	上游是面辅料生产行业，国内产业发达，供应充足。但高档服装的部分面料依赖进口
	行业下游	下游为消费者，以及参与服装销售、管理零售渠道的加盟商与百货商场。服装企业与加盟商之间具有双向选择与相互制约机制；百货商场具有稀缺性，具有较高市场地位与销售业绩的服装品牌更容易同百货商场建立长期、稳固的合作关系
竞争情况	行业主要壁垒	品牌壁垒、设计研发能力壁垒、销售渠道壁垒
	行业主要企业	品牌集中度较低，前十名的女装品牌企业大多数已上市或正在申请 IPO；业务结构和模式基本一致，不同企业和不同品牌针对的消费群体存在差别
周期性、区域性和季节性特征	周期性	伴随宏观经济波动，服装行业呈现明显的周期性；稳固增长的市场需求在一定程度上缓解了经济波动对中高档品牌女装的周期性影响
	区域性	在经济发展水平高的东南沿海地区和一、二线城市，消费者对于服装的品牌、质量和服务有更高的要求，中高端女装的销量相对较高
	季节性	季节性非常明显，冬装由于面料质地的原因，单位成本和售价都较高，因此冬季销售额普遍较高
主要经营模式	总体模式	在自主品牌的中高档女装行业，同时覆盖研发、生产、品牌和营销等多个环节的纵向一体化模式较为常见
	订货模式	主要是订货会模式，按季节分为一年四次或一年两次，根据订货会期间的订单汇总，即可预测产销计划

(续)

主要经营模式	供应链模式	分为自主生产、委托加工、成衣采购三种模式，多数品牌企业是自主生产和另外两种模式的结合
	渠道模式	线下渠道，大体可分为门店自营、商场联营和经销商经销三种模式，多数品牌企业都是三种模式的结合；线上渠道，主要通过天猫、京东、唯品会等平台销售；过季产品，渠道模式主要有特卖会、折扣店和线上销售等
	资金周转	存货的周转是资金周转的核心。品牌女装的销售具有当季和过季的显著特征，过季品类容易形成积压；自营门店和联营门店均需要大量备货
行业核心指标	行业利润水平	中高端品牌女装行业，由于具有一定的品牌溢价，利润率显著高于服装行业整体水平。不同企业毛利率与具体经营模式相关，行业内上市实体的平均毛利率约50%至70%，并且较为稳定
	行业经营指标	单店坪效，用于衡量店面的经营效益；加盟商退换货率，即加盟商退换货金额占销售金额的比例，用于衡量产品适销情况及品牌地位

① 行业分类依据为中国证监会发布的《上市公司行业分类指引》。

2. 财务质量预期

（1）资产结构。

由于供应链模式不尽相同，所以资产结构存在不同特点。从不进行自主生产到完全自主生产的，会呈现出从"轻资产"到"重资产"的特征；由于下季提前备货和当季门店备货的经营模式，故高存货是行业最典型的资产特征，应收账款主要是应收加盟商的销售款及应收商场的销售款，加盟商款取决于品牌地位和市场策略，商场款一般会在账期内正常回收。由于服装毛利率较高，所以对供应商的应付采购款不会太大。

（2）盈利能力。

营业收入存在季节性，第四季度相对较高；行业内主要品牌公司业务模式总体一致，利润率总体水平应该较为接近，且近几年保持稳定。

（3）现金流量。

由于靠近终端消费者，故销售回款相对较快，在近几年行业销量并未出现快速增长的情况下，经营活动现金流量相对较好。

5.2.2.3 舞弊风险预期

舞弊风险较高，主要体现在：通过对经销商渠道加大发货来突击销售的风险，自营门店由于客户不透明及现金收款而产生的"自我销售"风险，通过存货跌价准备的计提而操纵利润的风险。

单店坪效、退换货率、存货跌价计提比例等是衡量是否存在财务异常的关键指标。

第二部分

财务分析的重点和案例

第6章

财务分析的过程和重点

如果我们把财务质量看成一个人，那么对这个人的评价则需要回答三个问题："他现在怎么样""他是在变好还是变差""他和别人比是好还是差"。

（1）他现在怎么样。

即对财务报表三项要素进行的静态分析，报表是否正确，分类是否恰当，会计方法是否与业务实质相符，科目的结构和内容是否与经营特点相适应，财务比率是否真实反映了相关各方面的能力，各项财务特征是否与基于非财务数据的初步预期相符。

（2）他是在变好还是变差。

财务质量的变化往往是趋势性的，所以基于时间的多期比较是一条分析的主线，比较的内容是报告的三项要素。通过比较，需要找出引发相关数据各期变动的经营层面和行业层面的原因。

（3）他和别人比是好还是差。

同行业可比公司为相关财务数据在空间上提供了比较的标杆，所以同行业比较是另外一条分析的主线。同样，比较的内容是报告的三项要素，通过比较，需要找出形成财务数据落差的经营层面和行业层面的原因。

依据上述脉络，就可以对财务质量进行逻辑分明的分析。

6.1 分析过程综述

在财务报表的三项要素中，会计方法和报表科目之中的科目钩稽均会影响到财务报表的整体。此外，合并范围的变动，也会影响财务报表的整体。所以，先对会计方法、科目钩稽和合并范围进行报表层面的分析，再按财务状况、盈利能力和现金流量依次进行内容层面的分析。

6.1.1 会计方法分析

6.1.1.1 分析过程

对重要的会计方法的适当性进行分析，包括：

（1）关键会计方法是否与预期相符，如果存在不符，进一步分析出现预期偏差的原因。

（2）会计方法是否与业务实质相适应，是否正确，是否具有足够的可控性。

（3）不同期间的会计方法是否发生了公开或隐蔽的变动，变动的原因是否与业务实质相适应。

（4）与同行业比较，会计方法是否具有可比性，是否足够谨慎。

6.1.1.2 对问题方法的处理

1. 存在错误的情况

如果判断会计方法存在错误，则需要进一步判断该错误对报表的影响，影响不大，对财务分析的影响可以忽略，影响较大，需要对报表进行分析调整。基于财务分析的调整可能比较粗略，但只要调整的方向正确，调整后报表大体公允，就会对下一步的分析提供更扎实的基础。

2. 不可控或不可比的情况

如果判断会计方法不可控或不可比，分析影响并对报表进行调整，在多数情况下也是可行的。但是，对非差错事项进行报表调整可能并不符合惯例，或者也不适用于某些分析场景，这种情况下，则需要在进行财务质量分析时，对会计方法影响的相关数据进行模拟调整，通常重点是分析其对"核心利润"的影响。

3. 期间变动的情况

对整个期间的财务报表按变更后的会计方法做出完整的追溯或模拟调整。

6.1.2　报表科目钩稽

对报表进行必要的钩稽检查，以排除报表编制可能存在的错误。存在钩稽错误的，需要进一步分析原因并调整财务报表。

6.1.3　合并范围分析

将各期的财务报表按最后形成的合并范围进行模拟调整，模拟调整不可行的，在分析具体科目时至少需要单独考虑因合并范围发生变动产生的影响。

6.1.4　财务状况分析

6.1.4.1　资产分析

1. 资产结构分析

（1）对比列示多期资产结构。

（2）资产结构是否与预期相符，超出预期的，进一步寻找出现偏差的原因。

（3）资产结构与生产经营特点是否相适应。

（4）资产结构多期对比的变化是否与生产经营的变化相适应。

（5）资产结构及变动趋势是否与同行业可比公司相印证。

2. 资产科目分析

（1）依据相关规范，结合经营特征及财务分析的不同场景，对重点科目逐期进行有效的分类。

（2）科目形成对应到经营层面的过程、特征和关键环节。重点包括应收账款、存货、开发支出等与不同经营特点直接关联的科目。

（3）资产多期变化是否与生产经营的变化相适应，变动趋势是否与同行业可比公司相印证。

（4）流动资产的可收回性。

对应收款项的客户质量进行分析，对存货的市场预期销售情况进行分析；资产的可收回性在对比期间的变化是否与生产经营的变化相适应，是否与行业可比公司的变化相印证。

（5）非流动资产的使用效率。

重点对固定资产的产能利用情况进行分析，对无形资产的技术领先性进行分析，对商誉的商业内涵进行分析；非流动资产在对比期间的变化是否与生产经营的变化相适应，是否与行业可比公司的变化相印证。

（6）流动资产的减值准备。

主要是应收账款和存货的减值。首先需要计算减值准备的综合计提率，流动资产的减值准备与实际损失是否相印证；综合计提率在不同期间的变动是否与回收风险的变化相适应；综合计提率及各期变动是否与同行业可比公司具有可比性。

（7）非流动资产的减值准备。

根据非流动资产可收回金额确定的逻辑进行针对性分析。主要判断实际计提情况是否与相关主体的生产经营情况相适应，是否与相关资产的实际使用情况和未来使用计划等相适应，是否与行业内的技术现状和趋势相印证。

6.1.4.2　负债分析

1. 负债结构分析

（1）对比列示多期负债结构。

（2）负债结构是否与预期相符，超出预期的，进一步寻找出现偏差的原因。

（3）负债结构与生产经营特点是否相适应，是否与资产结构相匹配。

（4）负债结构多期对比的变化是否与生产经营的变化相适应。

（5）负债结构及变动趋势是否与同行业可比公司相印证。

2. 重点科目分析

（1）依据相关规范，结合经营特征及财务分析的不同场景，对负债的重点科目逐期进行有效的分类。

（2）科目形成对应到经营层面的过程、特征和关键环节。重点是预收款项、预计负债等与不同经营特点直接关联的科目。

（3）对主要供应商的性质和多期变动情况进行分析。

（4）科目多期变化是否与生产经营的变化相适应，变动趋势是否与同行业可比公司相印证。

6.1.4.3　偿债能力分析

（1）计算流动比率、速动比率、利息保障倍数、资产负债率等主要偿债能力指标，并进行多期对比列示。

（2）主要指标及多期变化是否与生产经营的特点和变化趋势相适应。

（3）主要指标及多期变动趋势是否与同行业可比公司相印证。

（4）分析公司用于偿债的主要资金来源是什么，是否具有通畅的资金筹措渠道和足够的资金筹措能力。

6.1.4.4　运营能力分析

（1）计算应收账款周转率、存货周转率、总资产周转率、应收账款收入比、存货成本比等主要运营能力指标，并进行多期对比列示。

（2）主要指标及多期变化是否与生产经营的特点和变化趋势相适应。

（3）主要指标及变动趋势是否与同行业可比公司相印证。

6.1.5　盈利能力分析

6.1.5.1　确定核心利润

根据财务分析的不同应用场景，确定非核心利润，调整相关科目并修正相关各期间的财务报表，修正后报表为盈利能力分析的基础。一般情况下，只对利润表做出修正即可。

6.1.5.2　重点科目分析

1. 收入分析

（1）依据相关规范，结合经营特征及财务分析的不同场景，对收入按不同构成逐期进行有效的分类。

（2）收入及其结构是否与预期相符，超出预期的，进一步寻找出现偏差的原因。

（3）不同类别的收入形成，应对应到经营层面的过程、特征和关键环节。

（4）对收入多期变化进行量化分析，相关变化是否与生产经营的变化相适应，变动趋势是否与同行业可比公司相印证。

（5）对存在异常的收入，进一步进行相关的财务操纵分析。

2. 成本分析

（1）与收入分类相配比，对成本按不同构成逐期进行分类，并分析成本变化是否与收入变化趋势一致。

（2）成本及其结构是否与预期相符，超出预期的，进一步寻找出现偏差的原因。

（3）不同类别的成本形成，应对应到经营层面的过程、特征和关键环节。

（4）对不同产品或服务的成本按料、工、费进行成本结构逐期分解。

（5）对成本类别的多期变化进行量化分析，相关变化是否与生产经营的变化相适应，变动趋势是否与同行业可比公司相印证。

（6）成本结构的多期变化是否与生产经营的变化相适应，变动趋势是否与同行业可比公司相印证。

（7）对存在异常的成本，进一步进行相关的财务操纵分析。

3. 期间费用分析

期间费用包括销售费用、管理费用、财务费用。

（1）依据相关规范，结合经营特征，对期间费用逐期进行分类。

（2）不同类别的费用形成，应对应到经营层面的过程、特征和关键环节。

（3）期间费用多期变动是否与生产经营的变化相适应，变动趋势是否与同行业可比公司相印证。

（4）计算主要费用类别的销售费用率，并分析分类费用率及其变动是否与生产经营的变化相适应，是否与同行业可比公司相印证。

（5）对存在异常的费用，进一步进行相关的财务操纵分析。

6.1.5.3　毛利率分析

（1）根据收入分类和成本分类，对毛利额逐期进行有效的分类。

（2）相关毛利率是否与预期相符，超出预期的，进一步寻找出现偏差的原因。

（3）对综合毛利率，按产品结构进行分解，并进行量化分析；对分类毛利率，进一步划分为单位售价和单位成本，并进行量化分析；对单位成本，进一步分解为单位原材料、单位人工、单位费用等。单位原材料成本亦可以进行量化分析。

（4）毛利率水平是否与生产经营特征相适应，是否与同行业毛利率水平相印证。

（5）毛利率分解后的单位售价、单位原材料、单位人工、单位费用等要素，其大小及多期变动是否与生产经营特点相适应，是否与同行业可比公司相印证。

6.1.6　现金流量分析

6.1.6.1　现金流量结构分析

（1）逐期按经营活动、投资活动和筹资活动三类来进行分类。

（2）现金流量结构是否与预期相符，超出预期的，进一步寻找出现偏差的原因。

（3）类别结构及多期变化是否与生产经营的特点和变化趋势相适应，是否与同行业可比公司相符。

6.1.6.2　现金流量科目分析

需要单独分析的主要是"其他类"现金流量，关注各类现金流量的明细项目及其逐期变动，是否与生产经营的特点相适应。

6.1.6.3　现金流量比率分析

销售收现率和盈利现金比率，主要分析收现率指标与各期变动是否与生产经营的特点相适应，是否与同行业可比公司相印证。

6.2　两个定量分析方法

因素分析法和利润敏感性分析法是财务分析中两个常用的定量分析方法。因素分析法，主要用于多因素财务数据的变动原因分析，对每一项变动因素均给出量化数据；利润敏感性分析法则是对影响利润的敏感性因素进行分析，并计算出不同因素的敏感系数。

6.2.1　因素分析法

因素分析法就是从数量上来确定一个财务数据所包含的各个因素的变动对该数据影响程度的一种分析方法。运用这一方法的出发点在于，当有若干因素对财务数据发生作用时，假定其他各个因素都无变化，顺序确定每一个因素单独变化所产生的影响。

使用因素分析法的步骤：第一，确定某项财务数据由哪几个因素组成及各因素与该项指标的计算关系；第二，确定比较的变动前指标和变动后指标，并列示不同因素的计算关系；第三，按照财务数据的因素，以一定的顺序将各个因素加以替代，来具体测算各个因素对指标变动的影响方向和程度。

因素分析法计算的各因素变动的影响数，会因替代顺序的不同而存在差别，所以，其定量分析的结果，只是在某种假定前提下的影响结果，只能说是合乎逻辑的结果，而并不是绝对正确的数量结果。

因素分析法是对财务数据变动的因素分析，所以在财务分析中，在进行某些数据的多期比较时可以使用因素分析法。实务中，主要应用的分析场景如下。

6.2.1.1　收入成本的因素分析

1.收入分析

对于单一产品，产品收入 = 产品销量 × 产品单价，存在销量和单价两项变动因素。

对于存在 A，B，…，N 等多项产品的，产品收入 = 产品 A 销量 × 产品 A 单价 + 产品 B 销量 × 产品 B 单价 +……+ 产品 N 销量 × 产品 N 单价，存在 n 个销量和 n 个单价，共 $2n$ 个变动因素。

2. 成本分析

对于单一产品，产品成本 = 产品销量 × 产品单位成本，存在销量和单位成本两项变动因素。

对于存在 A，B，…，N 等多项产品的，产品成本 = 产品 A 销量 × 产品 A 单位成本 + 产品 B 销量 × 产品 B 单位成本 +……+ 产品 N 销量 × 产品 N 单位成本，存在 n 个销量和 n 个单位成本，共 $2n$ 个变动因素。

6.2.1.2　毛利率的因素分析

1. 综合毛利率分析

对于存在 A，B，…，N 等多项产品的，影响综合毛利率的直接因素为产品结构（不同产品收入占总收入的比重）和产品毛利率。

综合毛利率 = 产品 A 结构 × 产品 A 毛利率 + 产品 B 结构 × 产品 B 毛利率 +……+ 产品 N 结构 × 产品 N 毛利率。即存在 n 个产品结构和 n 个产品毛利率，共 $2n$ 个变动因素。

2. 个别毛利率分析

个别毛利率 =（单价 − 单位成本）÷ 单价。即个别毛利率仅存在单价和单位成本两个因素。

3. 毛利率的综合分析

如果将综合毛利率和个别毛利率的分析统一在一起，对于存在 A，B，…，N 等多项产品的，公式如下：

综合毛利率 = 产品 A 结构 ×（A 单价 − A 单位成本）÷ A 单价 + 产品 B 结构 ×（B 单价 − B 单位成本）+……+ 产品 N 结构 ×（N 单价 − N 单位成本）。

即存在 n 个产品结构、n 个产品单价和 n 个单位成本，共 $3n$ 个变动因素。

6.2.1.3 单位材料成本的因素分析

对于成本仅有单一原材料的产品，单位材料成本 = 材料单耗 × 材料单价，存在材料单耗和单价两项变动因素。

对于成本中存在 A，B，…，N 等多项主要原材料的，单位材料成本 = 材料 A 单耗 × 材料 A 单价 + 材料 B 单耗 × 材料 B 单价 + …… + 材料 N 单耗 × 材料 N 单价，存在 n 个单耗和 n 个单价，共 $2n$ 个变动因素。

需要注意的是，在实际分析过程中，过多的影响因素会减弱分析结果的直观性，所以应尽量将每一次分析的变动因素确定为两项或三项。如果某综合分析过程涉及的因素较多，可以将其分解为几个依次递进的步骤，每一个步骤将变动因素确定为两项，即通过增加分析层次来增加定量分析的直观性。

6.2.2 利润敏感性分析法

根据"本量利"公式，影响利润的因素主要有四个：产品的价格、产品的单位变动成本、产品的销售量和产品的固定成本。其中任何一个因素的变动都会引起企业利润的变动。

利润敏感性分析法是当影响利润的有关因素发生某种变化时，对利润变化程度进行量化的一种分析方法。不同因素在不同公司中对利润的影响程度是不同的，有些因素略有变化就会使利润发生很大的变化，而有些因素虽然变化幅度很大，却只对利润产生微小的影响。那些对利润影响大的因素称为敏感因素，反之，称为非敏感因素。

某因素的敏感系数 = 利润变动百分比 ÷ 某因素变动百分比

敏感系数越大，说明利润对该因素越敏感。

在财务分析中，利润敏感性分析可以直观地体现出各因素对利润的不同敏感程度，是常见的定量分析方法。实务中，可选择的利润指标通常是毛利额和营业利润；可选择的变动因素包括销售单价、销售数量、单位销售成本、主要原材料采购单价、主要能源采购单价。

实务中，主要分析因素为销售单价和主要原材料采购单价，特别是在主要产品的销售价格或主要原材料、能源价格频繁变动且影响较大的时候，更需要针对价格变动对公司利润的影响做敏感性分析。常用的因素变动比较为1%，即假定某因素变动为 1%，影响利润的其他因素不变，根据利润计算利润变动比例。

几个简单的规律：销售单价的敏感性高于原材料采购单价的敏感性；毛利率越高时，销售单价对利润的敏感性越高；某项原材料成本占成本比重越高，其采购单价的敏感性越高。

6.3　毛利率分析

毛利率是评价公司盈利能力最为关键的指标，是最为重要的财务比率，是财务分析的核心内容和重要"抓手"。

6.3.1　毛利率为什么最重要

毛利率贯穿了一家公司的"产、供、销"等核心业务环节，反映了公司业务转化为利润的核心能力，是公司竞争力强弱的直接体现。

6.3.1.1　毛利率直接衡量企业的核心获利能力

毛利率衡量的是主营业务下相关产品或服务的直接投入和产出，直接投入是稳定的、持续的，难以随意增加或减少，毛利率越高，说明公司越有空间将资源投入营销、研发、管理、品牌建设等间接费用支出。直接投入形成的成本是当前已经发生的成本，而大部分期间费用是为未来付出的成本，支出越大，企业越可能具有良好的持续获利能力。

6.3.1.2　毛利率最终体现企业的行业特征和经营能力

产品毛利率是由价格和成本决定的。一方面，毛利率取决于对产品的定价能力，而影响定价能力的，包括企业在产业链上的地位、在同行业中的竞争地位、市场竞争策略、产品品牌、产品质量和独特性等因素。另一方面取决于对成本的控制能力，而影响成本控制能力的，包括企业在供应链上的地位、对供应链的管控能力、技术工艺的领先性，以及自身的生产管理能力等。

6.3.1.3　毛利率较为稳定且便于比较

在生产方式和技术水平没有发生根本性变化的前提下，企业与成本相关的核心投入，包括原材料、人工、设备折旧、水电费等是相对稳定的。在充分竞争的市场之中，相同或类似产品的售价和毛利率是会趋同的。所以，产品的毛利率在一个不是很长的区间内，应该是较为稳定的。

理论上较为稳定的毛利率，是进行横向和纵向比较的基础，毛利率变动或差异较大的，首先要明确售价或成本对毛利率的影响，并结合生产经营和行业特征进一步分析售价或成本变动的合理性。

6.3.2　毛利率的决定性因素

毛利率绝对值的高低是没有意义的。一家制药企业的毛利率可达80%，一家餐饮企业的毛利率可达60%，一家建筑工程企业的毛利率不到20%，对于不同行业，我们没有办法通过毛利率的高低判定其盈利能力的高下。即便是经营相同业务的同行业可比公司，抛开具体的经营模式，我们仍然没有办法只根据毛利率的高低判断不同企业的盈利能力。即便是同行业同样经营模式的企业，可能由于使用的会计方法不同，仍然会体现出不同的毛利率水平。

一家企业的毛利率，受其所处的行业特征、具体经营特点以及具体财务情况的共同影响。从财务分析的角度，只有理解了行业、经营和财务，才能够准确评价毛利率的高低及波动。

6.3.2.1 所处行业特征

1. 本行业竞争态势

本行业竞争态势，包括本行业在产业链中所处的地位、行业壁垒及企业在行业中的竞争地位。

本行业及其上、下游行业构成了整个产业链，上游是供应商，下游是客户，本行业在产业链中的地位，决定了其是否具有足够的议价能力。上、下游属于充分竞争市场，企业数量众多且规模较小，这种情况下，本行业地位可能最为强势，最有可能享受较高的毛利率；本行业由于政策限制、规模因素、技术因素、资源因素等，形成了很高的壁垒，市场内占支配地位的企业有可能获取较高的毛利率；不同企业在本行业中的竞争地位不同，地位越高，越有可能享有品牌溢价或规模效应，越有可能形成"赢者通吃"的局面，所以，行业龙头往往比其他竞争者享有更高的毛利率，处于劣势地位的竞争者往往采用低价战略，其毛利率相对较低。

2. 资产周转能力

对股东而言，无论公司属于何种行业，其价值都公平地体现于 ROE 水平，ROE 是由盈利能力、资产周转能力和财务杠杆共同决定的。在不考虑财务杠杆的情况下，要获取同样的 ROE，资产周转能力越低的行业，要求的毛利率水平越高。

资产周转能力，主要体现为应收账款周转率和存货周转率，周转越慢，说明资金占用越多，资产占用成本越高，越需要较高的毛利率。另一方面，周转越慢，可收回的风险就越大，为对冲回收风险，同样需要较高的毛利率。

3. 成本费用结构

企业的正常经营利润，取决于获取的总体收入和发生的总体费用。费用中可归属于产品成本、劳务成本的，与营业收入配比结转至营业成本，并形成毛利额；不能归入营业成本的，则直接在发生时计入期间费用等损益科目，并形成最终的营业利润。

对于不同行业，在总体费用结构中，其营业成本和期间费用占比是不同的。研发费用、市场费用等期间费用支出越高的行业，为覆盖相关费用，其需要的毛利率水平越高。例如，软件行业的软件产品的毛利率可能高于90%，与其对应的，是持续投入的研发费用；医药行业的毛利率水平可能高于90%，与其对应的，是持续投入的研发费用以及营销推广费用；餐饮企业的毛利率水平多在50%以上，与其对应的，是其店面发生的装修摊销、服务人员薪酬等营业费用。

6.3.2.2　公司的经营情况

公司的经营情况，主要指公司生产、供应和销售的情况。

1. 生产情况

生产情况包括生产设备，以及工艺路线和技术水平。在相同的条件下，生产设备造价越高，产品分摊的单位固定成本越大。生产同样或类似的产品，行业中可能存在不同的工艺路线，不同工艺路线有先进和落后的区别，相同的工艺路线也存在生产过程中具体运用的差别。工艺路线先进的，技术水平高的，其产品的单耗水平越低，产品的生产成本往往就越低。

2. 供应情况

原材料的采购价格直接影响单位成本的高低，影响采购价格的因素，包括采购规模、运输成本以及与供应商的关系。采购规模越大，付款账期越短，越容易获得较低的采购价格；运输距离越远，运输形式越复杂，花费的运输成本就越高；如果与供应商能够保持稳定的供货关系，则有可能取得较低的采购价格。

3. 销售情况

影响销售价格的因素，主要是销售模式和销售策略。产品的销售模式主要分为直销和经销，因为直销需要公司承担相关的销售费用，而经销往往是经销商承担销售费用，同时经销商也要有合理的利润，所以直销的销售模式原则上应该比经销的销售价格高。在销售定价策略上，品牌溢价较低，或者在行业里处于追赶地位的公司，往往采取低价销售的策略。

近年来，部分互联网公司兴起的"硬件免费"策略，其硬件产品销售几乎没有毛利率，其目的是低价获取用户，并期望通过互联网服务赚取利润。硬件无毛利，本质上是隐含了部分的获客成本。

举一个例子：两家卖鸭脖的著名公司绝味食品[○]（603517.SH）和周黑鸭[○]（01458.HK）是生产同样产品的直接竞争对手，但两者的毛利率存在很大差异。2013 ～ 2015 年，绝味食品的毛利率分别为 27%、26% 和 28%，周黑鸭则分别为 57%、54%、56%。周黑鸭的毛利率远高于绝味，是不是代表着其拥有更好的盈利能力呢？其实不然，通过公开资料可以看出，两者的毛利率差异主要是经营模式不同造成的，周黑鸭以自营为主，绝味食品以加盟为主，由于要承担终端的销售费用，自营毛利率显然要高于加盟毛利率。实际上，如果单看自营部分，绝味食品三年的自营毛利率分别为 52%、60%、65%，比周黑鸭还要略高一些。

6.3.2.3　公司财务情况

公司财务情况，主要包括会计核算方法、财务舞弊两个方面对毛利率产生的影响。

1. 会计核算方法

某些业务处理有可能可以选择不同的会计方法，而不同的会计方法会形成不同的毛利率。例如，对于相同的业务形成的收入，有的公司采用总额法核算，有的公司采用净额法核算，总额法下的毛利率肯定远低于净额法。

○　绝味食品的毛利率数据来源于其招股说明书（发行稿），招股说明书来源于巨潮资讯网 www.cninfo.com.cn。

○　周黑鸭的毛利率数据来源于其招股说明书，招股说明书来源于巨潮资讯网 www.cninfo.com.cn。

如果公司在会计处理时选择了不当的会计方法，客观上也会扭曲真实的毛利率水平。

2.财务舞弊

系统性的财务舞弊主要体现在收入的虚增和成本的虚减上。除去虚构收入并按正常毛利率匹配成本的少数情况，大部分财务舞弊均会造成毛利率的虚增，故存在财务舞弊也会影响毛利率的准确性。

6.3.3　毛利率的直接影响因素

产品毛利率是根据单位售价和单位成本计算出来的，公司往往都存在多类或多个产品，每类或每个产品的毛利率都是不同的，所以，任何公司的销售毛利率，都取决于产品结构、产品单位售价和产品单位成本三个因素。

6.3.3.1　毛利率与产品结构

图 6-1 展示了毛利率与产品结构的关系。

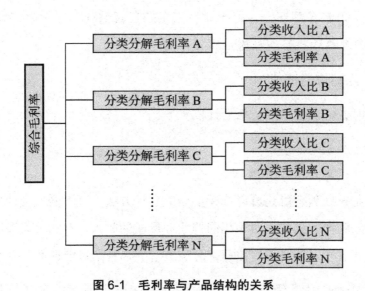

图 6-1　毛利率与产品结构的关系

产品结构可以从不同的角度划分为不同的层次，最基础的层次是产品明细，不同层次的产品分类，均需要对应其单位售价和单位成本。根据产品结构划分的不同层次，毛利率可以划分为综合毛利率和分类毛利率。大部分情况下不能直接以综合毛利率作为分析对象，而需要根据适当的收入类别确定相应的分类毛利率，并将适当的分类毛利率作为分析对象。对于分类层次比较多的情况，可以按不同的分类层次，"由上而下"逐层分析，直至最基础的产品明细层。

1. 综合毛利率

利润表中的营业收入减去营业成本得出毛利总额，毛利总额除以营业收入，即得出综合毛利率。用主营业务收入和主营业务成本替代营业收入和营业成本，则得出主营业务的综合毛利率。由于产品结构的不同及变化，仅仅分析综合毛利率，无法得出准确的毛利率波动的结论。

综合毛利率可以按产品结构分解为分类分解毛利率，即不同类别产品所贡献的综合毛利率。分类分解毛利率是由分类收入比（分类收入占总收入比例）和分类毛利率相乘计算得出的。

2. 分类毛利率

主营业务可以基于分析的不同需求，从不同的角度出发，划分为业务、产品、地域、客户等各种类别的收入、成本，并计算分类毛利额和分类毛利率。通过分类毛利额和分类毛利率，可以直观地理解各类业务"赚钱"的多少和能力。

最基础的层次则是最底层的产品明细，尽管产品明细的毛利率代表着更精细的毛利率分析，但产品明细很多时候是巨量的，如果不将其"合并同类项"至一定数量的类别，就没有办法进行直接分析并得到直观的结论。

3. 分类收入比

分类收入比代表着产品结构特征，产品结构特征需要从多个角度进行列示，才能得出一个完整的结论。产品结构的变化代表着企业的经营趋势，高毛利率产品的占比越来越高，代表企业有能力不断优化其产品结构并提升综合毛利率。

6.3.3.2　毛利率与单位售价和成本

每一类产品的毛利率，直接取决于产品的单位售价和单位成本，单位售价和单位成本分解后的树形图见图6-2。

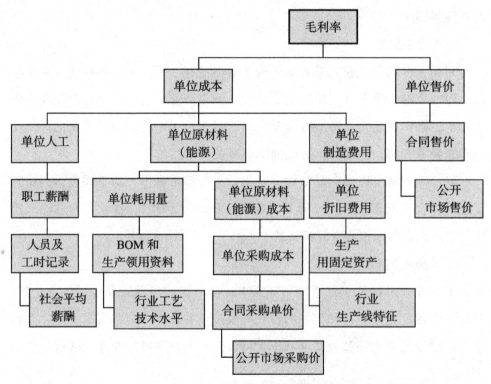

图 6-2　单位售价和单位成本分解后的树形图

全部数据可以划分为财务数据、经营数据和行业数据三个层次，对毛利率进行财务分析的核心，即相关财务数据和非财务数据之间的相互印证。

1. 单位售价

首先需要与合同或订单中的售价及主要条款进行核对，以核实财务售价的准确性。合同售价需要与公司产品的品牌品质、适销对路情况，以及公司的市场销售策略等经营特征相互适应，并最终需要与同行业的相同产品或可比产品的市场售价进行印证。

2. 单位人工

首先，与职工薪酬的分配数据进行财务内部核对；其次，继续与生产人员、车间生产记录、产品工时分配等经营记录进行核对。人均产能、人均产量等经营指标可以与人工成本进行印证，并最终需要以当地社会平均薪酬对员工平均薪酬进行印证。

3. 单位原材料（能源）

实务分析中，可能需要列示出多种主要原材料及主要能源。根据财务记录，可以进一步分解成单位耗用量和原材料（能源）的单位成本。

对于单位耗用量来说，可以继续检查 BOM[⊖]和生产领用资料，核对其是否根据 BOM 按管理流程领料出库。原材料（能源）的结构和单耗，需要与实际的产能产量、技术工艺路线以及生产管理能力等经营特征相互适应，并最终需要与行业内所运用的工艺技术水平相互印证。

对于原材料或能源的单位成本，可以继续与采购合同或订单的采购单价及主要条款进行核对，以核实采购单价的准确性。采购成本取决于对供应链的议价能力，并最终需要以相同或类似的原材料或能源的市场采购价对账面采购价进行印证。

4. 单位制造费用

对于生产企业来说，单位折旧费用是单位制造费用的重要组成部分。折旧费用可以与生产用固定资产的使用情况进行相互印证。产品生产线受工艺路线和购建成本的影响，所以最终需要与行业内主要的生产线特征进行印证。

毛利率直接取决于产品结构、产品单位售价和产品单位成本这三个要素，其特点、高低与波动，均取决于公司所处行业和具体经营状况。故毛利率分析的核心，即对与三个要素相关的财务数据与非财务数据进行互相核对

⊖　BOM，bill of material 的缩写，即物料清单，是 ERP 系统中定义产品结构的技术文件。

和互相印证，并最终得出企业核心盈利能力的正确结论。

6.4　现金流量分析

2017 年 4 月 25 日通过创业板发审会的科蓝软件[⊖]（300663.SZ），报告期内 2014 年至 2016 年经营活动产生的现金流量净额持续为负，分别为 −2081.19 万元、−10 125.22 万元和 −858.33 万元，不但持续为负，与各年净利润 3445.35 万元、3527.89 万元、4277.35 万元也相差甚远。

很多人表示看不懂，连经营活动现金流持续为负的都能过会？ IPO 的财务标准真的放松了呀。实际上，没有任何规则强调经营活动净现金流量每年为正或最后一年为正，相关规则强调的是"现金流量正常"，而非现金流量良好。从财务分析的角度，针对这个案例更应该理清的重点在于：

（1）现金流量表编制是否准确，是否与资产负债表、利润表的相关科目完全钩稽。

（2）现金流量的特征是否与公司所处行业特征、发展阶段和业务模式、业务特点高度相关，是否正常。

（3）经营活动现金流量持续为负且与净利润的关系非常跳跃，是否存在财务操纵的行为。

基于以上分析逻辑，我们讨论财务分析中关于现金流量的内容。

6.4.1　现金流量表的要素分析

6.4.1.1　正确的钩稽关系

1. 现金流量表的编制原则

现金流量表的编制，需要遵循两个大的原则：

⊖　科蓝软件相关财务数据来源于招股说明书（发行稿），招股说明书来源于巨潮资讯网 www. cninfo.com.cn。

（1）一般应根据现金和现金等价物的实际流动，按照现金流量总额法予以编制，不模拟不存在的现金流动，现金流入和流出一般情况下不能抵销。

（2）根据资金的性质和相关联业务所计入的会计科目，来准确划分与经营相关、与投资相关以及与筹资相关等三类现金流量。

2. 期初期末现金的钩稽

现金及现金等价物的期初余额＋本期净增加额＝期末余额。需要注意的是，现金流量表的期初"现金及现金等价物"与资产负债表的"货币资金"定义的范围是不一致的。两者金额存在不一致的，需要找出差异的原因。

最常见的原因，是货币资金中不能随时变现的现金，如票据保证金、司法冻结银行存款等未列入现金及现金等价物。找到差异后，需要进一步分析现金流量表将上述差异列入了哪一类流入或流出项目，并判断是否正确，以及前后期是否一贯。

3. 主表的钩稽

大多数情况下，现金流量表是以资产负债表和利润表为基础，对相关项目进行分析调整来编制的。以资产负债表、现金流量表和其他相关财务数据为基础，可以推导现金流量表主表的各个科目，其目的是通过相关钩稽验证现金流量表编制的准确性。

主表编制的重点，当然是保证经营活动现金流量的真实性。实务中，有些项目是否应列入经营活动现金流量，存在较大的弹性，常见的有：

（1）与非金融机构的资金往来，列入经营活动现金流或投资活动（筹资活动）现金流。

（2）收到的与资产相关的政府补助，列入经营活动现金流或投资活动现金流。

（3）应收票据贴现取得的现金，列入经营活动现金流或筹资活动现金流。

（4）票据保证金的存出存入，列入经营活动现金流或筹资活动现金流。

4. 副表的钩稽

副表的编制，实际上是从净利润推导出经营活动产生的现金流量净额的整个过程。从原理上看，全部调整项目可以分为四大类：第一类是没有付现支出的经营性费用，包括减值准备、资产折旧及摊销、递延所得税费用；第二类是非经营性损益，包括财务费用、投资收益及公允价值变动损益；第三类是利得或损失，如长期资产处置损益；第四类是营运资金的变动，包括预付、应收、应付、预收、存货等项目的期初期末变动。

第一类不涉及直接的经营活动，第二类和第三类是非经营活动，真正与经营状况密切相关的是第四类营运资金的变动，其变动背后的经营活动理所当然是财务分析的重点。

需要注意的是，副表中的"其他"项并不总是空白的，实务中也存在填列的具体情况，例如：

（1）股份支付产生的费用。

（2）将票据保证金的存出存入计入经营活动现金流量。

6.4.1.2 重要财务比率

对现金流量的分析中，最核心的是对收入和盈利的现金占比，即其"含金量"进行分析，最常用到的两个指标是盈利现金比率和现金收入比率。

1. 盈利现金比率

评价盈利的现金质量的最重要指标是盈利现金比率，盈利现金比率 ＝ 经营活动产生的现金流量净额 ÷ 净利润。通常认为，盈利现金比率大于 1，说明盈利的"含金量"较高。

该指标的分子和分母的口径并不统一，从净利润到经营活动产生的现金流量净额的推导过程中可以看出，"处置固定资产、无形资产和其他长期资产的损益""公允价值变动损益""投资收益"，及"财务费用"等相关的现金收支并不包括在经营活动产生的现金流量净额之中。相关项目在净利润中权重过大的情况下，将会扭曲该指标所体现的盈利质量，将净利润扣除上述项目的税后影响，即修正为同一口径下的经营利润，指标才更有说服力。

2. 现金收入比率

现金收入比率是评价销售收现情况的指标，现金收入比率 = 销售商品、提供劳务收到的现金 ÷ 营业收入。分子是收付实现制下的收入，分母是权责发生制下的收入，除流转税的差异外，两者销售业务的口径是一致的。通常认为，现金收入比率大于 1，代表着销售回款较为正常。

如果现金收入比率远小于 1，且持续得不到改善，说明公司可能存在大量的赊销，且回款较为困难。但这不是绝对的，也有可能是由于公司采用了非现金回款形式的结算，比如，采用票据结算且票据已背书支付。

6.4.2 现金流量和经营情况

现金流量表，是以收付实现制体现的经营情况，所以，现金流量分析的核心，仍然是现金流量与公司经营情况的适应性。

生命周期的现金特征、自由现金流、现金转换周期，都是"高大上"的分析指标，尽管在财务分析的实务中几乎看不到其运用，但通过对上述几个指标的分析，可以帮助我们从现金流的角度对企业经营进行大体"画像"，再与实际了解到的企业经营情况进行对比，最终找出差异所在和异常原因。

6.4.2.1 现金结构与生命周期

1. 现金结构的不同组合

现金流量表中，经营活动、投资活动和筹资活动产生的现金流量净额或正或负，可以出现如表 6-1 所示的 8 种组合。不同的组合，可以勾勒出现金运转的不同结构，让我们初步了解标的公司的现金来自哪里，又去向何处。

表 6-1　现金的类别与组合

现金类别	排序							
	组合 1	组合 2	组合 3	组合 4	组合 5	组合 6	组合 7	组合 8
经营活动产生的现金流量净额	+	+	+	+	−	−	−	−
投资活动产生的现金流量净额	+	+	−	−	+	+	−	−
筹资活动产生的现金流量净额	+	−	+	−	+	−	+	−

为简化分析，假定以下事项。

假定 1：期初和期末的现金及现金等价物余额保持平衡，即本期的现金增减变动正负平衡。根据该假定，组合 1 和组合 8 不在讨论之列。

假定 2：现金流量净额或正或负，不包括正负趋近于 0 的情况，即无论是哪类活动的现金净流量，假定绝对值金额都具有重要性。投资活动为正数，经常是处置非流动资产形成的；投资活动为负数，经常是存在扩张性的内部投资；筹资活动为正数，是存在较大金额的债权或股权的对外融资；筹资活动为负数，经常是当期偿还大额的债务本金。

2. 生命周期的现金特征

根据企业生命周期理论，生命周期可以划分为发展期、成长期、成熟期、衰退期。处于不同周期的企业，大体上能够体现出不同的现金流量特征，具体分析如表 6-2 所示。

表 6-2　企业不同生命周期的现金流量特征

现金特征	发展期	成长期	成熟期	衰退期
经营活动成长能力	强	强	不确定	弱
经营活动造血能力	弱	不确定	强	弱
扩张性投资需求	大	大	不确定	小
对外筹资需求	大	大	小	不确定

（1）成长期的造血能力的不确定性：有的商业模式天生就自带正现金流，在成长期的早期已有较好的造血能力，而有的商业模式依赖于规模效应，成长期早期的规模不足以产生正的经营活动现金流，只有在成长期后期

才可能产生正的现金流。

（2）成熟期的不确定性：处于成熟期早期的企业，可能仍然需要扩张性投资，进一步扩大市场规模，其成长性仍然较强；处于成熟期后期的企业，市场已经趋于平衡，产品产销量稳定，不需要再进行扩张性投资，其业务已基本失去成长性。

（3）衰退期的筹资需求的不确定性：如果步入衰退期的企业决定战略性放弃产品和市场，对外筹资是无必要且无法筹集到的；如果是缩短战线，集中于仍有优势的部分产品和市场，对外筹资则可能是必要的。

3. 现金结构具体分析

根据上述假定和分析，结合企业不同生命周期的现金特征，可以对现金流量表所体现出来的现金结构进行大略的分析。

组合 2：经营活动造血能力强，基本停止进行扩张性投资，自有现金主要用以偿还外部债务。拥有这种结构的企业，可能处于成熟期的后期。

组合 3：经营活动造血能力强，扩张性投资已不依靠财务杠杆等外部融资，自有现金除内部投资外，还可以用以偿还外部债务。拥有这种结构的企业，可能处于成熟期的前期。

组合 4：经营活动造血能力强，筹资产生的净债务或净资本增加，新增现金主要用于扩张性投资。拥有这种结构的企业，可能处于成长期，且已经拥有不错的正现金流。

组合 5：经营活动造血能力弱，已不再进行扩张性投资，通过变卖部分资产以及外部筹资获取资金，新增现金用以补充营运资金缺口。拥有这种结构的企业，可能处于衰退期，且正在缩减规模，以便集中于仍有优势的市场，争取恢复正常经营。

组合 6：经营活动造血能力弱，已不再进行扩张性投资，通过变卖长期资产用以补充流动资金，偿还外部债务。拥有这种结构的企业，可能处于衰退期，且正在放弃产品和市场。

组合 7：经营活动造血能力弱，筹资产生的净债务或净资本增加，新增资金用于补充流动资金，以及扩大生产性投资。拥有这种结构的企业，可能处于发展期。

在实务中，对于表现出非成长期和成熟期现金特征的企业，需要进一步分析其持续经营能力。

6.4.2.2　自由现金流和财务弹性

所谓自由现金流（FCF），就是企业经营活动产生的、在满足了再投资需要之后剩余的现金流。自由现金流是企业可自由支配的现金流。从财务分析的角度，经营活动产生的现金流量并不代表企业可自由支配的现金流，因为企业首先要保证自己为持续经营而进行必要投资的前提下，才能把钱用于还本付息、为股东派发股利。

最直接的自由现金流的计算方法是：自由现金流＝运营性净现金－资本支出，其中，运营性净现金可以直接采用现金流量表中的"经营活动产生的现金流量净额"，资本支出采用的是现金流量表中的"购建固定资产、无形资产和其他长期资产支付的现金"。

自由现金流，本质上是一个财务弹性指标。所谓财务弹性，是指用经营活动现金流量与各类支付需求（资本性支出、利息支付、股利支付、偿还借款等）进行比较，从而反映企业对其财务支付安排的灵活程度。自由现金流，即经营活动产生的现金流和资本性现金支出的比较，如果"经营活动产生的现金流量净额"大于"购建固定资产、无形资产和其他长期资产支付的现金"，说明拥有良好的财务弹性，其持续经营能力很强，出现财务风险的可能性较小。

一个拥有理想自由现金流的公司，其经营活动产生的资金可以覆盖重置性和扩张性的全部资本性支出。这类不需要对外融资的公司，基本上是处于成熟期的行业龙头。

6.4.2.3　现金转换周期和产业地位

现金转换周期（CCC）是企业在经营中从付出现金到收到现金所需的平均时间。

$$现金转换周期 = 应收账款周转天数 + 存货周转天数 - 应付账款周转天数$$

$$应付账款周转天数 = 平均应付账款 \div 平均日销售成本$$

该指标揭示了加速资金运转的方式：减少应收款的回收时间，加快库存的周转，延长应付款的付出时间。在收入和费用没有变化的情况下，现金转换周期越短，变现能力越强。如果是负的现金转换周期，意味着公司不用投钱，靠客户和供应商的钱就可以运营，甚至能够沉淀"现金池"以钱生钱，这是资金运转效率很高的体现。现金转换周期越短，其经营活动现金流越充沛，甚至会形成没有利润却拥有良好现金流的情况。现金转换周期越长，其经营活动现金流越短缺，甚至会形成利润为正而经营活动现金流净额为负的情况。

现金转换周期除了与行业特征和经营模式有关，也揭示了企业在其产业链上，相对于上游供应商和下游客户的产业地位。对上、下游都处于强势地位的企业，可以通过"先款后货""现款现货"等方式减少甚至消除客户占款，可以通过"零库存"减少存货占款，可以通过延长信用期、以远期承兑汇票结算等方式持续占用供应商款项。对上、下游都处于相对弱势地位的企业，其现金循环周期势必较长，随着其经营规模的不断扩大，其需要的营运资金会不断增加，相对于业绩的不断增加，经营活动现金流量反而很可能是持续恶化。对上、下游一方强势一方弱势的企业，则可以将强势一方带来的现金转换压力转移至弱势一方承担，进而为经营活动现金流量保持一种动态的平衡。

相对于应收账款周转率、存货周转率等评价运营能力的单方面指标，现金转换周期提供了一个更均衡的运营能力评价体系，有助于具体分析运营能力提升、下降或存在异常变动的原因。运用现金转换周期，可以比较直观地了解企业所处的行业特征及其在产业链中的相对地位，也比较容易通过三个周转天数的变动对经营活动现金流量进行分析，并发现可能存在的异常情况。

6.4.3 现金流量的正常和异常

6.4.3.1 正常的现金流量

现金流量表，从编制关系上看，是由资产负债表和利润表直接决定的，最终反映的是企业的经营特点和经营状况。所以，只要三张报表的钩稽关系正确，现金流量能够反映企业实际经营状况，其现金流量就是正常的。

从一个较长的期间看，经营活动产生的净现金流量持续为负毕竟是不常见的，需要从其发展阶段和经营特点来分析其是否正常。

回到本节开头的科蓝软件，其2014年、2015年和2016年三年营业收入分别为32 450万元、50 797万元、65 465万元，2015年较2014年增长迅猛，2016年则有所放缓；其经营活动现金流量净额，三年分别为−2081.19万元、−10 125.22万元和−858.33万元，即在增长最快的2015年达到峰值。从结构特征来看，其应该处于生命周期的成长期阶段；从现金转换周期来看，持续缓慢的原因主要是公司客户均为商业银行，处于强势地位，资金结算周期较长，长期大量占用公司资金；同时，软件开发主要是以人工支出为主，无法形成对应付款的有效占用。类似上述特征的企业，只要其保持快速发展，就必须要投入更多的营运资金，其经营活动现金流较差是必然的；反之，其发展放缓之后，经营活动现金流反而因为前期回款而出现好转，该公司2016年经营活动净现金流开始出现好转，实际上可能是业务增长放缓导致的。

6.4.3.2 安全的现金流量

经营活动现金流量差，财务弹性就差，企业很可能需要靠持续不断的融资来推动持续经营，财务安全性较差。

经营活动净现金流量保持在什么水平较为安全呢？在经营规模、融资结构和融资规模均保持稳定的情况下，经营活动产生的净现金流量，其必要的支出有两类：一是筹资活动中的利息支出，二是投资活动中的维持性资本支出，即仅用于原有产能生产设备的修缮、改良或更新支出，而不考虑新增产能的扩张性支出。在财务数据上，利息支出是本期发生的全部应付利息，不仅包括财务费用中的利息费用，还应包括计入资产成本的资本化利息；维持性资本支出可以采用固定资产的当期折旧额来确定。

能够维持上述两个必要开支的经营活动净现金流，才是相对安全的现金流量。其一，是要保证经营活动净现金流为正数；其二，是要保证经营活动净现金流扣除当期利息和当期折旧后的余额仍然为正数。

6.4.3.3　不正常的现金流量

不正常的现金流量，排除编制错误的可能后，最终表现为现金流量表特征与企业经营特点不相适应。不正常的现金流量是企业存在财务操纵的一个信号，包括以下两种情况。

1. 经营活动产生的净现金流与净利润严重背离

两者的严重背离，实务中一般是指经营活动产生的净现金流远低于净利润的情况，主要原因是营运资金增长幅度大于净利润增长幅度。营运资金中的应收账款增加，有可能是为促进销售而有意放宽了信用期，有可能是客户出现回款困难；存货增加，有可能是产品滞销、积压，有可能存在应结转未结转的成本造成存货虚高。所以，出现这种背离，都需要进一步解释造成营运资金增加的业务层面和行业层面的原因。

2. 经营活动产生的现金流在报告期内大幅波动

在一个三年至五年报告期内，经营活动现金流量往往应具有较为稳定的特征，如果现金流特征出现明显的"拐点"，是一个非常值得关注的财务操纵信号。经营活动现金流由负转正、由正转负，或由差转好、由好转差，都应找到带来这种变化的经营层面和行业层面的原因，并进一步判断相关变化是偶发性的、周期性的，还是趋势性的。对于偶发性的原因，例如年底推迟对供应商付款，年底特别安排客户回款，对新增客户放宽信用期等，则更应该关注其合理性和真实性。

第**7**章

发审会上的财务分析：
财务分析的问题及案例

IPO 公司是最常见的上市实体之一，IPO 公司招股说明书中"财务会计信息""管理层讨论与分析"等相关章节的内容，实际上就是公司自行进行财务分析并得出正面结论的过程；证监会对 IPO 公司的财务审核，实际上也是作为外部信息使用人对公司进行财务分析的过程，证监会发审会上聆讯的相关财务问题，则是财务分析中的重点。

根据证监会公布的近年 IPO 发审会审核结果公告，涉及的财务分析重点问题包括会计方法、应收账款、存货、收入、毛利率、现金流量等六类。

在本章节的案例分析过程中，我们遵循以下步骤：首先，在发审会公告中摘出重点财务问题；其次，到招股说明书中查找与该问题相关的财务分析进行归纳和尽可能简洁的梳理，招股说明书中分析不够充分的，再依据公开的相关财务和非财务数据进行补充分析；最后，得出分析结论并对分析过程进行简单评价。

7.1　会计方法的问题及案例

会计方法指会计政策和会计估计的具体运用，财务报表的编制依赖于具体的会计方法。在对会计方法进行的财务分析中，应该把握正确性、可控性和可比性三个重要原则。

7.1.1　会计方法常见问题

与会计方法相关的问题是发审会常见的问题之一。具体审核结果公告中，涉及收入确认、成本费用确认、股份支付、处置股权、往来科目列示、追溯调整等各种各样的会计方法问题，其中收入确认方法是最常见的问题。

会计方法问题同样可以归纳为正确性、可控性和可比性等三个类别的问题，IPO 公司在审核中经常涉及的具体问题如表 7-1 所示。

表 7-1　IPO 公司在审核中经常涉及的会计方法具体问题

问题类别	审核中的具体问题
正确性问题	是否使用了不符合会计准则规定的会计方法
	对非常规业务是否采用了正确的方法
	实际执行的与披露的会计方法是否一致
可控性问题	是否选择了更具可控性的会计方法
可比性问题	重要会计政策是否具有可比性
	重要会计估计是否具有可比性

7.1.1.1　正确性的问题

1. 是否使用了不符合会计准则规定的会计方法

准则的规定是比较原则性的，在实际运用中，尚需要根据业务实质，进一步制定谨慎、恰当的方法。在一些情况下，甚至通过财务数据所体现出的逻辑关系和钩稽关系，就可以判断出相关会计方法是不符合准则规定的。

2. 对非常规的新业务是否采用了正确的方法

常规业务一般都有相对明确的处理惯例，但对一些特定行业的非常规业务，其会计方法则经常需要依赖于对业务实质和相关会计准则的理解。

3. 实际执行的会计方法与披露的会计方法是否一致

标的公司披露的会计方法一般列示在财务报表的会计政策和会计估计之中，根据会计科目和其他信息，有时候能够发现其实际执行的会计方法与披露的并不一致。如果存在不一致，要判断实际方法是否符合会计准则的相关规定及存在的影响。

7.1.1.2　可控性的问题

是否选择了更具可控性的会计方法，是可控性的重点。最典型的可控性方法，即对软硬件系统集成和部分工程施工项目，未采用完工百分比确认收入而视为产品销售于验收时一次性确认。

7.1.1.3　可比性的问题

1. 重要会计政策的可比性

会计政策可比性是建立在正确性和可控性之上的。在存在可控性方法的情况下，需要先分析同行业可比公司是否选择了具有可控性的方法，如果没有选择，那么可控性应该更优先于可比性。

2. 重要估计的可比性

对于坏账计提比例、固定资产折旧年限等存在重大估计空间的具体会计方法，与同行业可比公司进行对比，并判断是否与可比公司相符或更谨慎。

7.1.2　发审会案例分析

7.1.2.1　银宝山新

1. 基本情况

银宝山新[⊖]（002786.SZ）为大型精密注塑模具及精密结构件整体解决方

⊖　银宝山新相关表述和分析所依据的资料均来源于证监会发审会审核结果公告和招股说明书（申报稿）及招股说明书（发行稿），审核结果公告和招股说明书（申报稿）来源于中国证监会网站 www.csrc.gov.cn，招股说明书（发行稿）来源于巨潮资讯网 www.cninfo.com.cn。

案供应商，主要从事大型精密注塑模具的研发、设计、制造、销售及精密结构件成型生产和销售。

公司于 2015 年 6 月通过证监会主板发审会审核，发审会上的会计方法问题：发行人报告期内与模具销售合同约定相关的销售收入的确认是否符合企业会计准则的规定，发行人对报告期内境内销售模具收入确认方法的调整是否属于重大差错，调整对发行人报告期经营成果是否构成重大影响。

2. 相关分析

公司境内销售模具（不包括售后留用模具）的主要流程为：检测，试模，客户预验收，公司发货，客户终验收。申报期间，出于谨慎性原则，公司对境内销售模具收入确认方法做出了调整，由原来的"在客户预验收合格后，公司发货、开具发票，在开具发票后确认收入"，调整为"公司发货，在客户终验收合格后确认收入"。根据上述调整原则，公司对报告期内报表进行了追溯调整，属于重大差错。

销售模具属于产品销售，收入确认的关键是根据业务流程，确定"与产品所有权有关的主要风险和报酬的转移时点"。在预验收时，模具尚在公司并没有完成发货，可以判断还处于公司的实际控制之下，很明显不能满足收入确认条件，而直至完成发货并经客户终验收入后才实现相关风险和报酬转移。

3. 案例评价

本案例，属于使用了不符合会计准则规定的会计方法。在财务分析中，类似这种影响较大的原则性错误，对报表进行分析调整是非常必要的。

7.1.2.2 金雷风电

1. 基本情况

金雷风电⊖（300443.SZ）是全球风电主轴制造行业的领先企业之一，专

⊖ 金雷风电相关表述和分析所依据的资料均来源于证监会发审会审核结果公告和招股说明书（申报稿），审核结果公告和招股说明书（申报稿）来源于中国证监会网站 www.csrc.gov.cn。

业从事风电主轴研发、生产和销售。

公司于 2015 年 3 月通过证监会创业板发审会审核，发审会上的会计方法问题：请发行人进一步解释风电主轴和自由锻件生产过程产生的下脚料冲减主营业务成本会计处理的原因。

2. 相关分析

公司披露的下脚料具体核算方法：在成本核算过程中，根据下脚料的产量和估计的单位成本（估计的单位成本根据上年的平均售价确定）增加下脚料成本，同时冲减相关产品的生产成本；在销售下脚料时，根据实际销售数量和下脚料的加权平均单位成本结转下脚料成本，于每月月末，根据下脚料实际售价与结转的下脚料成本之间的差额，自其他业务成本调整到主营业务成本，调整后下脚料销售毛利率为零。

该方法的异常之处，在于最终披露的下脚料收入和成本完全一致。按会计准则的相关规定，下脚料应以合理的方法分配生产成本，自生产成本中转入下脚料成本，并在销售下脚料时转入销售成本。从逻辑上看，如果核算规范，下脚料的销售收入应该与销售成本接近但不可能完全一致。

上述下脚料收入与成本完全一致的原因，是"根据下脚料实际售价与结转的下脚料成本之间的差额"进行了调整，这种调整，有可能是在结转成本时发现下脚料成本的分配明显不合理，故通过这种方式来进行调整，否则就只能算是"画蛇添足"了。当然，尽管会计方法上存在错误，但可以判断影响金额应该很小。

3. 案例评价

本案例，属于使用了不符合会计准则规定的会计方法。实际上，通过"下脚料收入和成本完全一致"这一数据特征，就可以判断出相关会计方法不正确。

7.1.2.3　景嘉微

1. 基本情况

景嘉微[⊖]（30047.SZ）主要从事高可靠军用电子产品的研发、生产和销售，主要产品为图形显控、小型专业化雷达领域的核心模块及系统产品。

公司于 2015 年 6 月通过证监会创业板发审会审核，发审会上的会计方法问题：发行人所得税暂时性差异金额较大，但未核算递延所得税资产和递延所得税负债，直接把当期所得税作为所得税费用。

2. 相关分析

查阅公司招股说明书（申报稿），公司暂时性差异包括：坏账准备、存货跌价准备和预计负债，公司企业所得税率为 15%，但公司并未确认递延所得税资产。在招股说明书（发行稿）中，公司进行了差错更正，报告期内各年末均重新确认了坏账准备、存货跌价准备和预计负债等暂时性差异所形成的递延所得税资产。

3. 案例评价

本案例，属于使用了不符合会计准则规定的会计方法。在存在常规的暂时性差异的情况下，不确认递延所得税资产，明显不符合会计准则规定，且很难有可以解释的理由。

7.1.2.4　路通视讯

1. 基本情况

路通视讯[⊖]（300555.SZ）是广电网络双向化改造和下一代广播电视网建设的设备和技术服务提供商，致力于广电网络接入网综合解决方案，为广电

⊖　景嘉微相关表述和分析所依据的资料均来源于证监会发审会审核结果公告和招股说明书（申报稿）及招股说明书（发行稿），审核结果公告和招股说明书（申报稿）来源于中国证监会网站 www.csrc.gov.cn，招股说明书（发行稿）来源于巨潮资讯网 www.cninfo.com.cn。

⊖　路通视讯相关表述和分析所依据的资料均来源于证监会发审会审核结果公告和招股说明书（申报稿），审核结果公告和招股说明书（申报稿）来源于中国证监会网站 www.csrc.gov.cn。

网络接入网提供硬件、软件和技术服务，产品和服务包括广电网络宽带接入设备、综合网管系统和工程技术服务。

公司于 2016 年 5 月通过证监会创业板发审会审核，发审会上的会计方法问题：①发行人国内销售广电网络接入设备按照"客户签收的发货清单"进行收入确认，多数销售未执行合同验收条款，请发行人代表说明发行人收入确认的会计政策与销售合同具体条款的规定是否一致；② 2013 年、2014 年、2015 年，发行人广电网络宽带接入设备通过快递和物流方式发货的产品销售收入占比均在 70% 以上，快递和物流方式发货只部分取得了客户签收的发货清单，请发行人代表说明发行人会计处理是否执行了按照"客户签收的发货清单"进行收入确认的会计政策；③对于广电网络工程技术服务，发行人未采用完工百分比法进行收入确认，请保荐机构代表人说明是否符合《企业会计准则》及其应用指南的有关规定。

2. 相关分析

（1）设备销售收入。

国内销售广电网络接入设备的收入确认方法：公司发出产品取得客户签收的发货清单，根据客户签收的日期确认收入。存在的问题主要是：

①收入确认具体依据。

按照"客户签收的发货清单"进行收入确认，即将客户签收作为主要风险和报酬转移的时点。但实际情况是，销售合同中规定有产品验收条款，在多数销售未执行合同验收条款的情况下，公司取得的客户签收单是否代表已合格交付，是否是以"签收"混淆了"验收"，如果是应验收而未验收，则产品主要风险和报酬在"签收"时是否已实现转移存在疑问。

②实际执行的会计方法与披露的会计方法是否一致。

公司销售设备主要通过快递和物流方式发货，快递和物流方式发货只部分取得了客户签收的发货清单，但公司披露的方法是按"客户签收的发货清单"进行收入确认。

公司可能存在实际执行与披露的会计方法不一致的情况，但从另一个角度，快递和物流单据已经是可靠的第三方证据，如果这一层的单据完整，收入确认已经有了很强的支撑和可控性。所以，在客户签收并不代表验收且实务中难以取得的情况下，以快递单作为收入确认依据也是一种可行的选择。

（2）工程施工收入。

工程施工业务主要为广电运营商网络改造和建设提供工程施工服务，公司按照广电客户交付的设计方案和合同工期组织施工，工程完工后接受广电客户的竣工验收。收入确认具体原则为：公司在承接的工程项目完工并经客户竣工验收合格后，以双方审定的金额或工作量确认收入。广电运营商在合同条款中均约定了验收条款，部分还规定初验和终验两次验收，公司均以客户最后一次验收合格为收入确认的时点。

公司未采用完工百分比法进行收入确认，即公司并未将工程施工业务视为建造合同，而是视为附有安装验收条款的产品销售，并把终验作为主要风险和报酬转移的时点。实务中，此类业务适用的会计方法具有可选择性，公司选择了作为产品销售处理，理由是：提供的工程技术服务，工期相对较短，基本在一年以内，且合同金额一般不大，因此采用完工百分比的必要性不强，且若采用完工百分比法确认收入，其完工进度需要估算，可能与实际情况有一定的误差。

（3）与同行业公司的可比性。

公司选取初灵信息（300250.SZ）、数码科技（300079.SZ）、亿通科技（300211.SZ）作为同行业可比公司。经过对各类业务的收入确认具体方法对比后，得出结论：对不需安装或调试的商品销售，公司与可比公司均采用商品发至客户并经客户签收后确认收入；对工程服务类，除亿通科技对工程服务期限在一年以上的采用完工百分比法确认收入外，其他可比公司均采用完成工程或服务并经客户验收后确认收入。

3. 案例评价

本案例中，会计方法涉及正确性、可控性和可比性三个方面。公司销售设备的收入确认方法的正确性可能存在瑕疵。对于工程施工业务，公司选择产品销售模式，以客户提供的终验验收单作为收入确认依据，相对于建造合同使用完工百分比确认收入而言，明显更具有可控性。经过与可比公司对比，公司无论是产品销售还是工程施工，具体收入确认方法都具有可比性。

7.1.2.5 元祖股份

1. 基本情况

元祖股份[⊖]（603886.SH）主要从事烘焙食品的研发、生产与销售，是一家专业生产蛋糕、月饼、中西式糕点等烘焙产品的全国连锁经营企业。

公司于 2016 年 6 月通过证监会主板发审会审核，发审会上的会计方法问题：请发行人代表进一步说明，报告期内将过期节令性礼券结转其他业务收入的相关依据，会计处理是否符合企业会计准则的规定，过期节令性礼券相关收入是否应计入非经常性损益。

2. 相关分析

公司在每一年度的相应节令均发售节令性产品提货券，由于提货券针对之实物产品属于月饼、粽子、年糕等具有节令性质以及保质期的食品，并且公司为生产、库存、运输、销售该等预约之产品必须先行支出相应成本，因此公司对该等节令性产品提货券设定有效期，并且期限限于当季节令期间。公司已通过协议明确公司与消费者双方的权利与义务，并在提货券停止兑付前一周通过适当方式向社会予以公示，同时向备案机关予以信息报备。

预付卡券的收入确认模式：公司在经营过程对外发售预付卡券，在收到客户或加盟商卡券款项时，公司计入预收账款，待消费者实际从直营店或加

⊖ 元祖股份相关表述和分析所依据的资料均来源于证监会发审会审核结果公告和招股说明书（申报稿），审核结果公告和招股说明书（申报稿）来源于中国证监会网站 www.csrc.gov.cn。

盟店提货时公司确认为收入。

公司依据相关法规认为，对于已过期的节令性提货券，公司并不负有再予以提货的义务。即可以确定，公司在发售节令性产品提货券时，计入预收账款，提货券过期时，则将相应预收款项结转入其他业务收入。

（1）结转其他业务收入是否适当。

可以从两个角度来分析该处理是否适当：

一是收入和成本的配比。公司称，由于"公司为生产、库存、运输、销售该等预约之产品必须先行支出相应成本"，故才规定过期失效。在这种情况下，过期的产品已经全部生产出来，客户未予以领取即形成过期商品。过期礼券形成其他业务收入，对应的过期商品理论上应形成其他业务成本。根据招股说明书内容，公司将应报废成本结转入存货跌价损失，并没有最终计入其他业务成本收入和成本关不配比。

二是预收账款的性质。在到期之前，已售出未提货的礼券在预收款项作为债务列示，过期无须支付，可以理解为无法支付的债务，按准则规定，应该作为利得计入营业外收入。

总体上看，节令性礼券过期形成的收入较小，以 2015 年为例，其他业务收入中过期节令性礼券转收入 2169.99 万元，占营业收入比例为 1.38%。所以，即便是会计处理不当，其对报表的影响也是很小的。

（2）是否需要确认为非经常性损益。

节令性礼券过期形成的收益，"与正常经营业务相关"且不是"偶发"的，所以无论计入营业收入还是营业外收入，均不应确认为非经常性损益。从配比的角度，其对应的报废成本计入了存货跌价损失，并未作为非经常性损益予以扣除，故仅将其收入扣除也有违配比原则。

3. 案例评价

本案例中，已过期的节令性提货券的处理，属于特定行业的非常规业务，其会计方法有赖于对业务实质和会计准则的理解。本案例对该事项的会计处理可能存在一些瑕疵，但对报表影响很小。

7.1.2.6　今天国际

1. 基本情况

今天国际[⊖]（300532.SZ）是一家自动化物流系统综合解决方案提供商，自动化物流系统综合解决方案具体包括自动化物流系统的规划设计、系统集成、软件开发、设备定制、电控系统开发、现场安装调试、客户培训和售后服务等一系列工作。

公司于 2016 年 1 月通过证监会创业板发审会审核，发审会上的会计方法问题：发行人报告期主营业务收入主要来自于金额较大的物流设备制造、安装业务，大部分在 1000 万元到 1 亿元之间，主要项目建造、生产周期长，报告期 1 年以上项目数量占比 56%，金额占比 87%。请发行人代表说明：①主要项目平均的实施周期和跨年的情况；②未按照《企业会计准则第 15 号——建造合同》核算的合理性。

2. 相关分析

公司于获得客户初验证明并交付整个自动化物流系统时确认营业收入并结转成本，主要系由公司自身业务特点所决定，具体原因如下：第一，公司为客户提供的自动化物流系统，系对各种物流软硬件设备进行安装调试后的非标准化产品，该系统具有定制化、个性化等特点。对客户而言，由于该系统专业性较强，只有整个自动化物流系统全部安装调试完毕且具备较稳定运行能力时，才能投入商业运行。第二，公司与客户签署的合同报价主要依据外购的软硬件设备成本，而在整个项目实施过程中，设备成本发生并不均匀。另外，公司核心价值主要体现在项目实施前期的细化设计及系统集成，设备抵达项目现场后的安装调试等阶段。自动化物流系统只有经客户初验通

⊖　今天国际相关表述和分析所依据的资料均来源于证监会发审会审核结果公告和招股说明书（申报稿），审核结果公告和招股说明书（申报稿）来源于中国证监会网站 www.csrc.gov.cn。

过并交付客户使用时，公司向客户提供的综合解决方案价值才得以体现。第三，按照行业惯例，自动化物流系统的所有设备安装调试完毕，且该系统试运行稳定后，客户组织相关部门进行初验并签署相关证明文件，公司在此阶段已累计收取大部分合同款项。在后续投入商业运行至终验阶段，公司为客户提供系统维护及现场操作指导等售后服务，发生的支出很少。

（1）是否符合准则规定。

公司为客户提供的物流系统，原则上属于建造合同，收入确认适用建造合同准则。但是如果采用建造合同，理论上存在上述相关分析中的问题。故在实务中，将系统集成作为一项系统产品，适用于产品销售收入是常见的选择。

（2）是否具有可控性。

公司选择产品销售模式，以客户提供的初验验收单作为收入确认依据，具有较强的客观性。相对于建造合同使用完工百分比确认收入而言，明显更具有可控性。

对于主要风险和报酬转移的时点，仍然存在初验确认和终验确认两种选择。公司认为，在后续投入商业运行至终验阶段，公司为客户提供系统维护及现场操作指导等售后服务，发生的支出很少，即系统初验时主要风险和报酬已实现转移。选择初验，以客户提供的初验报告为依据，当然具有可控性，但如果选择终验确认，大部分情况下显然更为稳健。有些情况下，受资金实力及付款意愿影响，客户可能迟迟不予终验，这样以终验确认反而会影响收入确认的及时性。

（3）是否具有可比性。

招股说明书中，公司选择了机器人（300024.SZ）、东杰智能（300486.SZ）、三丰智能（300276.SZ）作为同行业可比公司。对于系统集成业务，可比公司收入确认方法如下。

机器人：合同金额较小（通常小于 300 万元），且合同期通常在一年以内的项目根据取得的对方验收单据确认收入；合同金额较大（大于等于 300

万元），生产周期跨越一个或几个会计期间的项目按照《企业会计准则第15号——建造合同》的要求进行核算。**东杰智能：**经公司安装调试完工后，由客户对产品进行终验收，根据终验收单一次性确认销售收入。**三丰智能：**公司待产品安装调试结束、客户终验收合格后，即确认智能输送成套设备产品的销售收入。

综上，机器人以300万元合同金额为标准，采用了分层的方法，尽管准则适用上略显单薄，但的确也是一种有效减少完工百分比运用并增加可控性的方法。另外两家公司均与公司一样，将系统集成视为产品销售处理，不同的是，可比公司采取的是终验收一次性确认收入，公司是预验收一次性确认。从这个角度，公司的收入确认方法与同行业在适用准则上是可比的，但在具体方法的选择上相对更激进一些。

3. 案例评价

本案例中，"自动化物流系统"是典型的收入确认方法具有可选择性的系统集成项目，同时涉及正确性、可控性和可比性的问题。整体上，公司采用的收入确认方法是适当的。

7.2 应收账款的问题及案例

应收账款是大部分上市实体最为重要的流动资产之一，应收账款的可收回性是"资产质量良好"这一财务质量核心要求的重要内容；应收账款形成于营业收入，同时，应收账款计提的坏账准备直接计入利润表，所以应收账款的真实性又是经营业绩真实性的核心要素。

7.2.1 应收账款常见问题

与应收账款相关的问题是发审会常见的问题之一，应收账款问题可以归纳为应收账款余额过大、应收账款回收风险较大、应收账款坏账准备计提不足等三大类，IPO 公司在审核中涉及的具体问题如表 7-2 所示。

表 7-2　IPO 公司在审核中涉及的应收账款具体问题

问题类别	审核中的具体问题
应收账款余额过大	应收账款占资产比例过高
	应收账款占营业收入的比例过高
	应收账款周转率低下
	放宽信用政策导致应收账款增加
应收账款回收风险较大	账龄较长或超出信用期
	期后回款情况较差
应收账款坏账准备计提不足	计提比例低于同行业可比公司
	单项坏账准备计提不足

7.2.1.1　应收账款余额过大

判断应收账款的大小有两个标准，一是通过资产结构分析，看应收账款占总资产或流动资产的比例；二是利用应收账款收入比，比例越高，说明销售收入中的赊销比例越大，营业收入的"含金量"就越低。

当然，应收账款的大小并没有绝对值的标准，实务中，主要通过分析标的公司所处的行业特征、具体经营模式、报告期内应收账款的波动以及与同行业可比公司相关指标的比较来进行判断。

需要注意的是，应关注期末应收账款非因实际回款而减少的情况，比如应收账款由于保理、贴现、转换成商业承兑汇票，甚至虚构回款等造成的不正常减少。如果存在此类因素，在分析应收账款时应予以特别考虑。

应收账款过大，存在几个潜在问题：

第一，发生坏账的风险会相应增加，一旦欠款较多的客户出现财务状况恶化或其他影响付款的问题，就很可能会形成较大的坏账损失并影响经营业绩。

第二，应收账款过大，回收周期过长，会造成营运资金周转缓慢，公司经营活动现金流量较差，直接影响对业绩质量的判断。同时，应收账款过大且账龄过长，会增加坏账计提准备而影响经营业绩。

第三，应收账款增长幅度如远超营业收入增幅，则很可能存在通过临时放宽信用政策等方式进行的财务操纵，也有可能成为存在虚构交易的财务舞弊的线索。

7.2.1.2　应收账款回收风险较大

实务中，经常通过客户分析、账龄分析和信用期分析，来判断应收账款回收风险的大小。资信情况良好的客户，其应收账款回收风险较小；账龄越长的应收账款，回收风险越大；超出信用期的应收账款，回收风险更大。长期不能收回的应收账款，可能与客户存在合同纠纷或产品质量纠纷，可能客户因财务状况不佳而无法按期付款，也可能是存在没有现金流支持的虚构交易的舞弊行为。

1. 账龄确认的问题

长年客户的应收账款是滚动发生的，实务中，很多公司无法将应收账款的确认与回收逐笔对应，所以经常采用"先进先出"来计算账龄。尽管是一种务实的方法，但往往掩盖了真正的长账龄款项。

在一些情况下，长账龄是由于应收账款的形成过程所导致的。例如，对于一些收入确认和款项结算相分离的行业或公司，确认收入时形成的应收款属于暂估款项，与客户正式结算并开具发票后形成的款项才是正式的应收账款，确认后才可以计算信用期。在这种情况下，在应收账款列示的暂估款可能早已形成，但未经正式结算尚不满足收款的条件，故账龄较长的应收账款并不完全代表其可收回的风险加大。

2. 信用期确认的问题

正常而言，应收账款的信用期普遍都在 6 个月之内。采用信用期对应收账款进行分类，存在一个可控性的问题，信用期是公司与客户协商的结果，通过协商也有可能随时修改信用期。如果信用期存在临时延长的情况，那么依据信用期来判断可回收风险就失去了可控性。

对应收账款回收风险的判断充满了主观性，故期后回款情况是证明应收账款可回收性最直接最有力的证据，尤其是对因账龄较长、客户财务状况不佳及或有诉讼等已出现坏账预警的款项。

7.2.1.3 应收账款坏账准备计提不足

实务中，采用账龄分析法计提坏账是通行的做法，部分公司同时结合了信用期标准，信用期内的不提或少提，超出信用期再根据不同账龄来加大计提。由于大部分公司的应收账款账龄集中在 1 年以内，所以 1 年以内的计提比例是最为重要的，实务中，1 年之内采用 5% 的计提比例是比较通用且稳健的标准。

1. 与同行业可比公司的比较

坏账计提比例的高低，除 5% 的绝对值标准之外，还需要与同行业可比公司进行比较，比较的标准，一是不同账龄段的计提比例，二是通过实际计提的坏账准备与应收账款原值比较，计算综合计提比例。计提比例明显低于可比公司的，坏账准备计提的充分性值得怀疑。

2. 单项计提的问题

除以相同风险特征为基础的账龄分析之外，对某些风险特征明显不同的应收账款需要进行单项计提。单项计提没有统一可控的明确标准，风险依据往往难以量化，且单项计提金额未来转回时，形成的损益冲回属于非经常性损益，所以公司经常倾向于采用较低的计提标准。实际上，除基于回收风险很大而全额计提之外，其他的单项计提往往缺乏足够的可靠性。

7.2.2 发审会案例分析

7.2.2.1 泰晶科技

1. 基本情况

泰晶科技[⊖]（603738.SH）是专业从事石英晶体谐振器产品设计、生产销售以及相关工艺设备研发制造的高新技术企业，是我国石英晶体谐振器行业内的主要厂商之一。

公司于 2016 年 5 月通过证监会主板发审会审核，发审会上的应收账款问题：请发行人代表补充说明发行人报告期延长客户信用期履行的主要内部程序，是否存在报告期末突击延长信用期的情况；发行人各报告期处于信用期外的应收账款涉及客户的主要情况，是否普遍存在延长信用期的情况，相关减值准备及信息披露是否充分。

2. 相关分析

公司对不同类别的客户制定了不同的信用政策，但是信用期的弹性很大，应收账款的增长和公司的信用政策有直接关系。公司 2013 年至 2015 年的应收账款收入比为 48.32%、51.35%、50.29%，变动幅度并不大。营业收入与应收账款增长较为吻合，并未出现因放宽期而导致的应收账款大幅增长。

（1）延长信用期的情况。

客户在信用期内提出延长付款申请的，公司会根据采购量、信用状况等因素，适当延长付款周期，延长周期一般不超过 180 天。由于目前宏观经济形势走向尚不明朗，故提出延期付款申请的客户量有所增长，公司为了维护客户关系并与客户共同应对整体经济低迷情况，经客户申请后同意了部分客户的暂缓付款申请，并约定了最迟付款期限。经统计，前 10 大直销客户中，2014 年有 2 家延长了信用期，2015 年有 3 家延长了信用期。前 10 大经销客

⊖ 泰晶科技相关表述和分析所依据的资料均来源于证监会发审核结果公告和招股说明书（申报稿），审核结果公告和招股说明书（申报稿）来源于中国证监会网站 www.csrc.gov.cn。

户中，2014 年有 2 家延长了信用期，2015 年有 4 家延长了信用期。

公司第一大客户，收入占公司全部收入的 20% ～ 25%，具有长期性和稳定性。因采购量大，价格高，公司规模大，经特别申请给予 180 天的信用期，第 7 个月内收款，即账期为 210 天。2014 年又延长 30 天，信用期达到 210 天，账期达到 240 天。

（2）计提坏账准备情况。

截至 2015 年年末的应收账款，按信用期划分，信用期内占比 85.84%，超出信用期占比 14.16%。但该划分是在客户提出延长付款申请之后重新确定的信用期，并不能说明原信用期下的逾期情况。公司并没有将信用期作为坏账计提的标准，仍然采用账龄分析法，即延长后的信用期并不影响按账龄计提坏账。通过比较，公司报告期内的应收款项计提坏账准备比例与同行业上市公司其平均值基本一致。

综上所述，公司对延长信用期的市场背景、客户特征等进行了分析，并结合应收账款收入比、坏账计提标准等情况，来重点论述其不存在为突击利润而进行的财务操纵。

3. 案例评价

本案例中，存在通过延长信用期促进销售的问题，是存在财务操纵的信号。财务分析的关键，是通过对应收账款变动、坏账计提、市场趋势、客户特征等相关财务和非财务数据的分析，来论证其放宽信用期具有持续性和广泛性，是正常的销售策略调整而至少不是严重的财务操纵行为。

7.2.2.2 丝路视觉

1. 基本情况

丝路视觉[⊖]（300556.SZ）是专业化、全国性的 CG[⊜] 视觉服务提供商，公

⊖ 丝路视觉相关表述和分析所依据的资料均来源于证监会发审会审核结果公告和招股说明书（申报稿），审核结果公告和招股说明书（申报稿）来源于中国证监会网站 www.csrc.gov.cn。
⊜ CG，computer graphics 的缩写，核心概念是计算机数码图像制作。

司主营业务是为建筑、设计、会展、广告、动漫、游戏、影视、文体娱乐等行业的客户提供静态、动态和场景综合及其他各类的数字视觉综合服务。

公司于2016年6月通过证监会创业板发审会审核,发审会上的应收账款问题:发行人报告期末应收账款净值14 547.49万元,占流动资产的比例达到48.31%。且应收账款与上年比增幅34.11%,远远高于主营业务收入增幅的3.11%。报告期内应收账款一年以上账龄的余额比例逐年上升,从10.25%上升到30.31%,而应收账款坏账比例一年以内按1%计提,与其竞争对手的坏账计提比例相比较低。请发行人代表根据这些情况,说明发行人的坏账准备计提是否充分稳健。

2. 相关分析

(1) 应收账款余额较大。

2015年年末应收账款占流动资产总额比例高达48.31%,与2014年年末相比增长幅度30.53%,远远高于收入增幅3.11%。由于公司客户需求的阶段性和分散性,应收账款前五名客户中以新增客户为主,目前回款情况正常。

公司对CG静态视觉服务、CG视觉动态、CG视觉场景综合服务等三类主要业务的应收账款增长与收入增长进行了分类比较,具体原因为:

①CG视觉动态、CG视觉场景综合服务两类业务扩张较快,新增客户较多,其下游客户规模较大,合同金额较高,客户付款受其审计结算、资金状况及付款计划影响,回款审批流程较长,从而影响到对公司的付款进度。

②出于维护客户、开拓市场考虑,公司对部分长期客户、大型客户、信誉较好的大型企业,针对特定情况对付款期限给予一定弹性空间。如CG静态业务的客户多为公司合作多年的设计院、设计公司、房地产企业等,受下游房地产行业景气度下降影响,导致付款速度相对放缓;报告期内存在部分客户因自身原因,实际付款周期长于公司给予其信用期的情形。

③下半年季节性明显,造成年末应收款金额较大。CG动态视觉及场景

综合类业务根据订单通常的执行进度及客户习惯，一般下半年及四季度产品交付并验收相对集中，导致应收账款年末余额较大。

此外，公司选择了唯一的可比公司"凡拓创意"（新三板挂牌公司，股票代码 833414），如表 7-3 所示，公司将 2015 年应收账款和营业收入增长情况与可比公司进行了对比，相关增长非常具有可比性。

表 7-3　丝路视觉和凡拓创意应收账款和营业收入增长情况

可比公司	应收账款增幅（%）	营业收入增幅（%）
丝路视觉	30.53	3.11
凡拓创意	34.82	5.35

（2）应收账款的回收风险和坏账准备。

2014 年、2015 年，受下游地产及相关行业景气度下降影响，公司应收账款账龄整体上较上年有所延长，账龄在 1 年以上的应收账款比例较上年年末增加。从应收账款的客户集中度来看，2015 年年末，应收账款前五名的累计金额为 4244.97 万元，占应收账款总金额的比例为 26.62%。公司应收账款分布相对分散，不会因为对极个别客户应收账款的回收进度而影响公司的整体经营。

如表 7-4 所示，公司将其坏账计提比例与可比公司进行了比较，从计提比例看，公司 2 年以内账龄的计提比例远低于可比公司，从计提结果看，综合比例差异 10% 以上。

表 7-4　丝路视觉和凡拓创意坏账计提比例情况

账龄	丝路视觉	凡拓创意
1 年以内	1%	5%
1～2 年	10%	20%
2～3 年	50%	50%
3 年以上	100%	100%
综合计提比例	4.50%	14.73%

从下游行业景气度、1 年以上账龄的应收账款大幅度增加来看，应收账款回收风险明显在增大。从计提坏账防范回收风险来看，与可比公司比较，

坏账准备的计提方法相对宽松，综合计提比例较低，总体上可能不够稳健。

3. 案例评价

本案例中，公司存在应收账款余额较大、回收风险较大及坏账计提不充分的问题。公司分析了新增业务的结算特点、下游房地产行业景气度下降，以及业务的季节性影响，并结合应收账款相关指标与可比公司的可比性，印证了应收账款余额较大的相关问题是行业内存在的普遍性问题。

7.2.2.3　同益股份

1. 基本情况

同益股份[⊖]（300538.SZ）系中高端化工及电子材料应用服务型分销商，公司通过专业服务满足客户对材料应用品质、速度、成本和创新的需求，实现中高端化工及电子材料的销售。

公司于 2016 年 1 月通过证监会创业板发审会审核，发审会上的应收账款问题：至报告期末，发行人应收账款余额为 17 344.01 万元，占资产总额的 53%。应收账款余额中 97% 以上、账龄在 1 年以内而在信用期内的又占89%。根据发行人会计政策，信用期内的应收账款仅按余额的 1% 计提坏账准备。2013 年 7 月，发行人起诉深圳市中晟创新科技股份有限公司苏州分公司支付货款，经法院判决，该公司向发行人支付货款。截至招股说明书签署日，发行人尚未收到该公司支付的货款。请发行人代表结合以上情况，说明相关坏账准备计提是否充分稳健。

2. 相关分析

（1）应收账款余额较大。

2014 年年末，公司应收账款余额为 16 916.15 万元，同比增幅为

⊖ 同益股份相关表述和分析所依据的资料均来源于证监会发审会审核结果公告和招股说明书（申报稿）及招股说明书（发行稿），审核结果公告和招股说明书（申报稿）来源于中国证监会网站 www.csrc.gov.cn，招股说明书（发行稿）来源于巨潮资讯网 www.cninfo.com.cn。

14.19%，高于同期 2.79% 的收入增幅，主要是 2014 年年末末安排贴现的信用证金额增大所致。2015 年年末，公司应收账款余额为 15 434.28 万元，同比降幅为 8.76%，低于同期销售收入增速，主要为目前宏观经济下行压力较大，公司业务规模稳步扩大的同时进一步加强了应收账款管控所致。

公司统计了报告期内新增客户情况，新增客户主要系直销客户，将各期新增客户中按销售收入排名前五名客户的销售收入和年末应账款余额进行了对比分析，不存在应收账款回收不正常的新增客户。

综上，整个报告期看，公司应收账款余额较为正常，不存在异常的增长。

（2）坏账准备按比例计提。

公司选择了力源信息（300184.SZ）、众业达（002441.SZ）两家上市公司作为可比公司，坏账准备计提比例的具体比较如表 7-5 所示。

表 7-5　力源信息、众业达和同益股份坏账准备计提比例情况

可比公司	账龄	计提比例（%）	2015 年年末综合计提比例（%）
力源信息	1 年以内	5	5.16
众业达	半年以内	2	6.52
	半年至 1 年	5	
同益股份	信用期内（4 个月以内）	1	2.69
	信用期末～1 年	5	

经表 7-5 比较，公司应收账款的分账龄计提比例和实际计提比例均低于可比公司，计提方法和计提结果可能都不够稳健。

（3）单项计提坏账准备。

应收账款余额中含深圳市晟创新科技股份有限公司苏州分公司货款 432.00 万元，因其财务状况恶化导致应收账款出现偿付风险，公司已向法院提起诉讼并胜诉，正在申请执行中。公司于 2013 年年底已对其应收账款单独认定并计提了 50% 的坏账准备，但截至 2016 年 6 月，该笔款项仍然没有收回。

对存在回收困难的客户提起诉讼并胜诉，并不代表能收回款项，公司2013年年底单独认定并按50%计提坏账，应该也没有足够的坏账量化标准。从实际情况看，3年之后仍未能收回任何款项，故应全额计提，这样更加谨慎一些。

3. 案例评价

本案例中，公司存在应收账款余额较大，以及坏账计提不够充分的问题。公司结合新增客户特征等经营情况进行分析，基本解释了应收账款余额较大的问题，但坏账准备的计提可能不够稳健。

7.2.2.4 天马科技

1. 基本情况

天马科技[⊖]（603668.SH）是一家专业从事特种水产配合饲料研发、生产、销售的高新技术企业，公司生产的特种水产配合饲料产品主要应用于特种水产动物，产品覆盖从种苗期至养成期的人工养殖全阶段。

公司于2016年8月通过证监会主板发审会审核，发审会上的应收账款问题：请发行人代表进一步说明报告期内的销售信用政策，报告期信用政策是否发生变化，信用政策实际执行情况，与披露是否一致；发行人报告期各期货款回收政策是否发生变化；报告期各期前十大应收账款客户的期后回款情况；报告期各期坏账准备计提是否充分。

2. 相关分析

（1）应收账款周转率过低。

公司应收账款周转率远低于同行业可比公司，2015年，同行业公司的平均值为年均42.02次，公司仅为4.52次，周转率低导致应收账款余额相对较大。

⊖ 天马科技相关表述和分析所依据的资料均来源于证监会发审会审核结果公告和招股说明书（申报稿），审核结果公告和招股说明书（申报稿）来源于中国证监会网站 www.csrc.gov.cn。

考虑到特种水产养殖资金投入较大、回款周期较长的特点，采用现款现货、货到付款的现销方式与阶段性周转金的赊销方式相结合，已成为特种水产饲料企业普遍采用的销售收款方式。而普通水产饲料企业一般采用现销为主的销售模式。

同行业可比公司主要为普通水产饲料企业，公司为特种水产饲料企业。行业细分领域的差异化特征系导致公司与现有同行业上市公司应收账款周转次数指标存在巨大差距的主要原因。

（2）公司的信用政策。

公司目前采用日常授信额度与高峰期授信额度相结合的授信政策。公司每年年初根据上年度经营情况、当年度生产与销售计划，将日常授信额度总量控制在预计销售金额的 30% 以内。在每年 5 ～ 10 月产销两旺的高峰期，公司会结合客户的养殖情况、预计出渔时点、养殖品种的市场行情走势等因素，在对市场整体风险和客户个体风险进行综合评估之后，对优质客户适度提高信用额度。

报告期内，应收账款和营业收入的增长幅度比较接近，各年末应收账款占营业收入的比例稳定在 26% 左右。2015 年公司新增客户期末应收账款余额占其饲料销售收入的比重为 17%，低于整体应收账款收入占比，反映出公司对于新增客户授信过程更为严格和谨慎。

（3）应收账款回收风险和坏账准备。

公司以直接向终端销售模式为主，应收账款主要客户中包括很多个体养殖户。正常理解，对个人的应收账款回收风险较大，所以公司进一步对报告期各期前十大应收账款客户的期后回款情况进行分析。从各期的现金回收比例来看，应收账款回收比较正常。

报告期内，公司应收账款余额 90% 以上为 1 年期以内账款，坏账计提 1 年内比例 5%，2015 年年末综合计提比例 5.75%。综合来看，公司回收风险大的长账龄款项较少，坏账计提比例较为稳健。

3. 案例评价

本案例中，公司存在应收账款周转率过低，以及销售信用政策可能有所放宽的问题。公司结合行业细分领域的差异化特征，以及新增客户的授信和应收账款特征，能够较好地解释上述应收账款的问题。

7.3　存货的问题及案例

存货是大部分上市实体最为重要的流动资产之一，存货的变现能力和周转速度是"资产质量良好"这一财务质量核心要求的重要内容；存货的结转与营业成本直接相关，同时，存货的跌价损失直接计入利润表，所以存货的真实性又是经营业绩真实性的核心要素。

7.3.1　存货常见问题

与存货相关的问题是发审会常见的问题之一。存货问题可以归纳为存货余额过大、存货周转率过低、存货跌价准备是否充分等三大类，IPO 公司在审核中主要涉及的具体问题如表 7-6 所示。

表 7-6　IPO 公司在审核中主要涉及的存货具体问题

问题类别	审核中的具体问题
存货余额过大	占资产比例过高
	存货余额大幅增长
存货周转率过低	周转率远低于同行业可比公司
存货跌价准备是否充分	库龄分析与存货跌价
	价值难辨与存货跌价
	以销定产与存货跌价

7.3.1.1　存货余额过大

判断存货余额大小的标准，一是通过结构分析，计算存货占总资产或流动资产的比例；二是计算当期期末存货占当期营业收入和营业成本的比例，存货余额较高但比例平稳，有可能只是周转能力欠缺。但如果存货比例大幅度波动，则意味着公司经营环境或业务模式可能出现了变化。

存货余额的大小没有绝对值的标准，实务中，主要通过分析公司所处的行业特征、具体经营模式、报告期内存货余额的波动以及与同行业可比公司相关指标的比较来进行判断。

存货的余额过大，存在以下几个潜在问题：

第一，存货余额过大，发生积压、呆滞、价值下跌的风险会相应增加，一旦出现产品过季、产品更新换代或行业上下游市场的不利变化，就很可能会形成较大的跌价损失并影响经营业绩。

第二，存货可以具体划分为原材料、在产品、半成品、产成品、委托加工物资、发出商品等不同类别，在可持续的业务模式下，存货结构应该保持一定的稳定性。存货余额过大，有可能是某些类别的存货急剧增长，意味着公司经营环境或业务模式可能发生了某些不利变化。

第三，存货余额与营业成本直接相关，存货余额可以按不同类别分解成数量和单位成本，数量差异和单位成本差异都会造成存货余额错误并进而影响到营业成本的真实性。对一些存货数量难以盘点的行业、存货单位成本难以核实的行业，通过虚增存货来虚增业绩具有一定的隐蔽性。所以，某些情况下的存货余额过大，有可能与业绩操纵相关。

7.3.1.2　存货周转率过低

存货周转率，按存货流转过程可以分解为原料投入周期、生产入库周期、销售出库周期。存货周转率的高低，主要是与同行业可比公司比较。在与同行业相同的毛利率水平下，存货周转率过低，会造成营运资金周转缓慢，公司经营活动现金流量较差，直接影响业绩的质量，进而最终拉低净资产收益率水平。

7.3.1.3　存货跌价准备是否充分

根据会计准则要求，存货应当按照成本与可变现净值孰低的原则进行期末计价。可变现净值依赖于预期售价、预期投入成本和预期销售税费的估计，尤其是预期售价，受有无订单、预期实现销售日期、价格预期变动等因素的影响，经常是难以准确估计的。由此，存货跌价准备的计提，"天然"会成为某些公司进行利润调节的工具。

实务中的存货跌价准备的几个问题讨论如下。

1. 库龄分析法

实务中，采用库龄分析法计提存货跌价准备是一种常见的方法，具体操作和应收账款的账龄分析法类似。

（1）库龄分析法的假定前提。

采用库龄分析法的假定前提是：产品的可变现净值与库存时间存在明显的相关性，库龄越长，存货可变现净值越低。具体操作中，需要先确定期末存货的库龄，再根据既定的销售策略及过往的经验数据，对不同的库龄赋予不同的计提比例。此外，选择库龄分析法往往还有可操作性的考虑：对于成千上万种存货来说，按准则要求单项去测试可变现净值是难以实现的，采用库龄分析法具有简便易行，并且客观可控的优势。

可变现净值与库存时间存在相关性，但这种相关性并非是简单线性的，基本上都存在一个明显的关键节点，该节点前后，对可变现净值有"断崖式"影响，距离该节点的库龄越长，存货相关可变现净值越低。所以，在划分存货库龄区间时，多数情况下需要同时参照入库时间和关键节点，在关键节点以内的，计提比例较低或不计提，在关键节点以外的，计提比例大幅度提高，入库时间越长，计提比例越高。

例如，服装服饰行业，关键节点是"过季"，产品一旦过季，当季新品即取代了过季旧品，过季存货需要打折销售，过季时间越长，折扣越大；食品行业，关键节点是"保质期"，一旦过了保质期，产品就只能回收报废，距离该节点越近，销售折扣越大；对于电子、机械配件等一些新品替代性不明显、保质期要求不高的行业来说，往往更关注存货"呆滞时点"，即需要明确定义有多久没有出库、领用的存货即为"呆滞"。

（2）库龄计算的方法。

库龄计算主要有"个别认定法"和"先进先出法"两种方法。"个别认定法"需要跟踪到每一具体存货的"收发存"，实务中是非常难以做到的，所以大部分企业都是采用"先进先出法"。实际上，公司实物管理如果无法做到先进先出，该方法计算的库龄并不真实，也没有实际意义。从防范利润操纵的角度，"先进先出法"在客观和主观上都非常容易掩盖真实的存货账龄，而导致跌价准备的错误计提或人为操纵。

在上市实体中，公开披露采用库龄分析法计提跌价准备的案例并不常见。可能的原因，一是客观上存在使用库龄分析法能否准确确定可变现净值的疑问；二是库龄分析法计提存货跌价具备"刚性"特征，而很多公司倾向于对跌价计提保留必要的弹性。

较近的案例中，主营业务为各类鞋品的生产和销售的哈森股份[⊖]（603958.SH），公开披露了其采用库龄分析法计提存货跌价准备，具体方法如下：

结合公司库存商品作为消费品的特点，春夏秋冬各类鞋品具有一定的时令性，根据历史资料和经验估计，确定对于一年内的当季鞋不计提跌价准备，各季末对过季鞋品按照预计售价，对预计可变现净值低于成本部分计提跌价准备，具体计提比例如表 7-7 所示。

表 7-7　哈森股份存货跌价准备计提比例情况

库龄	计提比例（%）
1 年以内应季货品	不计提
1 年以内其他货品	2～10
1～2 年	20
2～3 年	30
3～4 年	40
4～5 年	50
5 年以上	100

⊖　哈森股份相关表述和分析所依据的资料均来源于招股说明书（发行稿），招股说明书（发行稿）来源于巨潮资讯网 www.cninfo.com.cn。

可见，哈森股份以"过季"作为关键节点，应季产品不计提，过季产品根据不同库龄段逐步加大计提比例。

2. 价值难辨与存货跌价

存货价值难辨，指对非专业机构而言，存货的可变现净值难以确定，例如珠宝玉石行业，A货（一般指天然的玉石）、B货（一般指漂白充填处理过的玉石）的价值差异巨大，但一般的财务分析者是难以分辨的。在这种情况下，要确定存货的可变现净值，引入第三方专业机构进行价值评估是一个可行的选择。

3. 以销定产与存货跌价

在"以销定产""以产定购"的经营模式下，期末存货原则上都有指定的销售订单，其可变现净值是最容易通过订单价格来进行验证的。在这种模式下，正常情况下不应存在大量的无明确订单的存货，存货余额与在手订单应存在相关性，存货的库龄长度也不应该超过正常的存货周转周期。

对于判断存货跌价准备计提的充分性而言，期后销售价格是最为直接的验证，期后销售价格如果低于跌价计算所预期的售价，则说明计提很可能是不充分的。但是，期后往往并不足够长，期末存货可能在期后未完全实现销售，故期后销售对跌价准备的验证经常是无法完整实现的。

7.3.2 发审会案例分析

7.3.2.1 比音勒芬

1. 基本情况

比音勒芬⊖（002832.SZ）主要从事自有品牌"比音勒芬"高尔夫服饰的研发设计、品牌推广、营销网络建设及供应链管理，公司产品定位于高尔夫

⊖ 比音勒芬相关表述和分析所依据的资料均来源于证监会发审会审核结果公告和招股说明书（申报稿），审核结果公告和招股说明书（申报稿）来源于中国证监会网站 www.csrc.gov.cn。

运动与时尚休闲生活相结合的细分市场。

公司于 2016 年 8 月通过证监会创业板发审会审核，发审会上的存货问题：请发行人代表结合存货及相关跌价准备计提的内部控制制度和报告期各期末存货在后续年度的实际销售情况，进一步说明存货跌价准备计提比例的适当性和计提跌价准备的充分性。

2. 相关分析

（1）存货余额较大。

截至 2015 年 12 月 31 日，公司存货净额为 19 340.73 万元，占资产总额的 28.26%，存货余额较大；报告期内三年存货占资产总额的比例分别为 35.19%、30.78% 和 28.26%；报告期内三年存货占营业成本的比例分别为 72.34%、68.16% 和 68.74%。公司报告期各期末存货的增长主要受销售收入增长及直营门店开店增加所影响。

报告期内可比上市公司库存商品占存货的比例为 90% 左右，与公司库存商品占存货的比例基本一致。

公司属于高端品牌服装企业，与低端品牌相比，其品牌内在价值较高，产品的适销期较长，有些经典款式销售多年仍可保持较高的消费渴求度。而低端品牌的产品，适销周期短，存货的快速处理较为关键。公司存货占资产总额比重较高以及存货周转率偏低是与高端品牌服装企业的经营模式相适应的，在报告期内也是比较平稳的。

（2）存货周转率偏低。

报告期三年，公司存货周转率分别为 1.55、1.49 和 1.54，保持平稳。2014 年度，同行业可比上市公司卡奴迪路（002656.SZ）和凯撒股份（002425.SZ）的存货周转率分别为 0.59 和 0.84，公司的存货周转率远高于可比上市公司，主要原因在于：公司存货一直保持正常生产经营所需合理水平，并且通过名牌折扣门店大力促销过季存货，具有较高的存货消化能力。

尽管公司存货周转率比上述两家可比公司要高得多，但在中高端服装行业，实际上公司的存货周转率并不突出。例如，2015年度，希努尔（002485.SZ）的存货周转率为2.2，红豆股份（600400.SH）的服装业务的存货周转率为4.19，都远高于公司2015年度1.54的水平。

（3）存货跌价准备。

2014年年末，公司存货跌价准备的实际计提比例为1.61%，低于卡奴迪路的2.82%、凯撒股份的3.86%；2015年年末，实际计提比例为1.09%，低于红豆股份的10.7%、希努尔的1.24%。在中高端服装行业中，公司的存货跌价计提水平是较低的，同时可见，不同公司的跌价计提比例相差悬殊。

公司解释的存货跌价准备较低的理由如下：

①库存商品的库龄较短，跌价可能性较低。公司进行了库龄分析，78%～90%的库存商品的库龄在一年以内，库龄较短，基本处于适销期。

服装企业有一个"过季"的关键节点，公司每年分为春夏、秋冬两个明显的营运周期，每年推出春夏货品和秋冬货品，下一年的两个营运周期再推出当年的新品，周而复始。从这个角度理解，库龄在一年以内的服装，基本属于当季服装，库龄超过一年，就成了"过季"服装。过季服装实行折价销售，如果折价后毛利率预计无法覆盖成本，就会形成跌价损失。

②高品质的产品研发设计延长了库存商品的适销周期。

③产品附加值较高，可变现值也相对较高。近三年公司的主营业务毛利率分别为61.14%、62.07%和62.67%，即使以较低的折扣价销售，公司存货的可变现值依然处在较高水平。

④公司拥有通畅的过季服装销售渠道。报告期内，公司主要是通过名牌折扣实体门店和授权唯品会与天河城百货通过网络销售过季服装。

（4）运用库龄分析法分析计提水平。

公司的情况比较适合用库龄分析法来计提存货跌价准备，根据公司相关公开资料，对2015年年末存货跌价损失通过库龄分析法进行粗略的定量分析。

定量分析的基本假定：公司存货最终全部能够卖出；假定吊牌价为100

元，直营正价店的毛利率为 72%，即可推算存货成本为 28 元；公司整体销售费用率约 30%，过季产品销售费用大幅降低，按一半即 15% 测算，销售费用为 15 元。

不同过季时间的计提比例，测算过程如表 7-8 所示。

表 7-8　比音勒芬库龄分析法下的存货跌价准备计提情况

过季时间	销售折价	吊牌价（元）	折扣售价（元）	销售费用（元）	可收回金额（元）	存货成本（元）	跌价损失（元）	计提比例（%）
1～2 年	吊牌价 4～5 折	100	45	15	30	28	2	0
2～3 年	吊牌价 3 折左右	100	30	15	15	28	−13	46
3 年以上	吊牌价 2 折左右	100	20	15	5	28	−23	82

根据上述计算的不同库龄的计提比例，计算 2015 年年末应计提的跌价准备，具体如表 7-9 所示。

表 7-9　比音勒芬 2015 年年末应计提的跌价准备

库龄	金额（万元）	计提比例（%）	应计提（万元）
1 年以内	16 147.85	0	—
1～2 年	1983.69	0	—
2～3 年	467.56	46	217.08
3 年以上	80.58	82	66.19
合计	18 679.68		283.27

按上述测算，2015 年年末应计提跌价损失 283.27 万元，公司 2015 年年末实际计提的跌价准备为 213.33 万元，考虑其销售规模和利润水平等因素，实际计提金额是可以接受的。

3. 案例评价

服装行业的生产经营高度依赖于存货周转能力。本案例中，主要存在存货余额较大、周转率低以及跌价准备计提可能不足的问题。公司结合其高端品牌服装企业的行业特征，以及其具有的经营特点，印证了期末存货的合理性。总体来看，公司存货跌价的计提水平与实际情况基本相符，但与同行业相比可能是偏低的。

7.3.2.2　通灵珠宝

1. 基本情况

通灵珠宝[⊖]（603900.SH）主要从事珠宝首饰产品的设计、研发及销售业务，产品定位于中高端珠宝首饰零售市场，主要产品为钻石饰品和翡翠饰品。

公司 2016 年 8 月通过证监会主板发审会审核，发审会存货问题：请发行人代表进一步说明发行人存货周转率大幅低于境内同行业可比公司平均水平的原因，保持大额存货的商业合理性，消化和减少库存的主要措施；请发行人代表结合中恒誉资产评估有限公司对发行人珠宝类存货的评估情况，进一步说明发行人在报告期末未进行存货减值是否符合发行人实际经营情况，是否符合会计报表的谨慎性原则；进一步说明存货管理内部控制制度建设情况以及运行有效性。

2. 相关分析

（1）存货余额较大。

珠宝行业存货余额及存货占总资产的比例普遍较高，2015 年年末公司存货占总资产的比例为 70.99%，远高于同行业上市公司平均水平 39.97%。主要原因如下：一方面，同行业公司的黄金类饰品比例高于公司，商品平均单价低于公司，因此公司用于铺货的存货商品金额较大；另一方面，同行业公司含有产品的生产环节，因此相应的固定资产等非流动资产金额较大，导致存货余额占总资产的比例降低。

存货主要由原材料、库存商品和委托加工物资构成。其中，库存商品占比最高，平均占比 80% 以上。报告期内经过比较，存货余额增长率与销售收入增长率、销售成本增长率变动趋势相匹配，并无异常波动。公司对主要直营店、专厅存货余额情况进行了分析，并进一步对存货余额较大的直营

⊖　通灵珠宝相关表述和分析所依据的资料均来源于证监会发审会审核结果公告和招股说明书（申报稿），审核结果公告和招股说明书（申报稿）来源于中国证监会网站 www.csrc.gov.cn。

店、专厅单位面积的存货余额情况进行了重点分析，以印证其存货水平符合经营特征。

（2）存货周转率远低于同行业。

公司存货周转率2013年、2014年和2015年分别为0.58、0.6、0.54，低于行业平均水平2.78、2.68、2.93。存货周转率与产品结构及公司自身经营模式特点相关。贵金属产品毛利率低，周转速度快，而单位价值更高的钻石、翡翠镶嵌类产品毛利率高，周转速度慢；从销售模式来看，批发销售的周转率水平高于零售销售的周转率水平。报告期内，公司产品结构以镶嵌类饰品为主，销售模式以终端零售为主，因此导致公司的存货周转率低于行业平均水平。

（3）存货减值情况。

①综合分析。

公司综合考虑产品市场供需状况、同行业市场价格、未来销售趋势等因素，确保产品获得一定的毛利率水平的原则下，确定产品销售价格。在既定的定价模式下，销售价格均涵盖了各项成本费用、税负和合理的利润空间。

公司的存货主要是黄金、铂金等贵金属，以及翡翠原石、成品钻石、翡翠饰品、钻石饰品等，其中，黄金、铂金等贵金属，以及翡翠原石、成品钻石用于加工成翡翠饰品及钻石饰品对外销售。公司的金料全部用于委托加工镶嵌首饰，不存在单独销售金料的情形。钻石饰品的销售价格稳定，波动幅度较小，翡翠饰品由于翡翠原料的稀缺，销售价格总体呈上升趋势。此外，珠宝首饰的物理属性决定了在个别款式滞销时可回收进行再加工，且翻新的成本费用率较低。

从经营模式、产品特点及毛利率水平来看，公司总体上存货减值风险不大。

②库龄分析。

公司钻石饰品的库龄相对较短，3年以上的钻石饰品占当期钻石饰品存货的比例较低。公司翡翠饰品的库龄较长，这主要是因为翡翠原材料稀缺，而且需要通过缅甸进口，容易受到缅甸政局动荡的影响，为了控制原材料采购风险，公司提前储备了一些库存。

公司对于库龄较长的商品有不同的处理方式。对于未来具有一定增值空间及收藏价值的商品，比如翡翠、克拉钻戒等，公司将继续保留并销售；对于因地区间差异，销售较困难的商品，公司会调拨至其他地区进行销售；对于部分因款式陈旧、消费者喜好变化等原因，预计销售困难的饰品，公司会将其拆分，重新设计新的款式后进行销售。

综上，公司存货的库龄与可变现净值并无相关性，故不适合用库龄分析来计提减值。

③第三方评估。

公司委托中恒誉资产评估有限公司分别以 2013 年 6 月 30 日、2015 年 6 月 30 日、2016 年 3 月 31 日为评估基准日，对公司珠宝类存货价值进行评估。评估机构采用成本法和市场法对发行人珠宝类存货进行评估，以评估对象的重置成本作为其评估价值。

2016 年 3 月 31 日，存货评估的整体增值率为 0.07%，其中贵金属饰品减值 14.77%，原材料减值 5.43%。评估值较账面值发生增减值，主要是由于当期基础金价、钻石单价等原材料价格发生波动导致评估对象的重置成本较其账面值存在差异。

评估报告选取的是重置成本法下的价值，重置成本与以预期售价为基础的存货可变现价值的确认逻辑是不同的。2016 年 3 月 31 日，存货重置成本为 131 942.36 万元，可变现净值 348 873.71 万元，公司在确定存货可变现净值时并没有直接以第三方评估报告作为依据。

3. 案例评价

珠宝行业的存货具有价值高、价值难辨的风险。本案例中，主要存在存货余额较大、周转率低以及可能存在跌价的问题。公司结合其珠宝行业的特征、自身产品结构及经营模式的特点，通过引入第三方评估对价值进行了评定，较完整地论证了存货的合理性和真实性。

之所以委托第三方评估，可能的原因是：除可变现价值之外，珠宝首饰账面成本的真实性是难以辨别的，通过第三方评估，相关专业人士对存货进行了盘点、相关鉴定及分级，采用重置成本法确定的估值总体上仍然高于账面价值，是一个比较好的"自证清白"的方法。

7.4　收入的问题及案例

营业收入是利润表的起点，是具有根本性的利润表科目。主营业务收入直接体现主营产品或服务的销售情况，产品或服务的销售规模直接决定公司的市场占用率及行业地位；收入结构的稳定性是持续盈利能力的保障，收入的趋势是决定盈利趋势的基础；收入确认方法是最为重要的会计方法，收入操纵也是财务操纵最为高发的领域。

综上，营业收入，尤其是对主营业务收入的分析，是财务分析中最为重要的内容之一。

7.4.1　收入常见问题

与收入相关的问题是发审会常见的问题之一。收入问题可以归纳为收入与业务的适应性问题、收入的结构和趋势问题、异常收入的问题等三大类，IPO 公司在审核中主要涉及的具体问题如表 7-10 所示。

表 7-10　IPO 公司在审核中主要涉及的收入具体问题

问题类别	对应的具体问题
收入与业务的适应性问题	收入与行业特征的适应性
	收入与可比公司相关数据的适应性
	收入与经营指标的适应性
收入的结构和趋势问题	收入结构是否具有稳定性
	收入是否具有持续性
异常收入的问题	异常客户产生的异常收入
	异常模式产生的异常收入

7.4.1.1　收入与业务的适应性问题

收入与业务的适应性，即收入作为来自于企业内部的财务数据，与行业数据、可比公司数据以及同样来自于企业内部的核心经营数据等非财务数据之间的相互印证。如果收入无法得到充分印证，代表存在财务操纵的可能性很大。相互印证往往是一个多角度和多层次判断的过程，也经常受制于相关数据的广度和深度。

7.4.1.2　收入的结构和趋势问题

收入结构可以按产品、模式、地区等不同类别进行分析，收入结构的稳定性是"核心利润"持续稳定的基础，收入结构不具有稳定性，将会影响对盈利质量和趋势的判断。

收入趋势是对未来主营业务收入的预测，应依据历史收入已体现出的趋势，深入理解企业经营的驱动性因素，对收入的成长性和持续性加以分析。

7.4.1.3　异常收入的问题

异常收入是存在较高财务操纵风险的收入。在收入分析中，可以通过识别异常客户或异常模式等特征来识别出存在异常的收入，但异常收入是否一定存在财务操纵，财务分析给出的往往是一个可能性判断而非一个非常明确的结论。

7.4.2　收入分析的案例

7.4.2.1　川环科技

1. 基本情况

川环科技[⊖]（300547.SZ）隶属于汽车零部件行业，自设立以来一直专注

⊖　川环科技相关表述和分析所依据的资料均来源于证监会发审会审核结果公告和招股说明书（申报稿），审核结果公告和招股说明书（申报稿）来源于中国证监会网站 www.csrc.gov.cn。

于研发、生产和销售车用胶管系列产品，核心业务是为各大汽车整车制造厂商提供配套汽车橡胶软管产品。

公司于 2016 年 4 月通过证监会创业板发审会审核，发审会上的营业收入问题：发行人报告期内主营业务收入分别为 39 798.04 万元、41 997.23 万元、43 889.58 万元，主要来源于汽车燃油系统胶管及总成、汽车冷却系统胶管及总成和摩托车胶管及总成的销售，合计占比在 90% 以上。请发行人代表结合新能源汽车产业政策、市场环境、同行业上市公司经营现状等因素，说明发行人业务收入变动情况与细分行业的市场结构的匹配性。

2. 相关分析

（1）公司业务收入变动的具体情况。

公司车用胶管的核心产品是汽车燃油系统胶管及总成、汽车冷却系统胶管及总成两类，报告期内（2013～2015 年）实现收入占主营业务收入的比例分别为 74.93%、75.65%、74.19%。故对上述两类产品进行重点分析。

车用胶管销售的具体变动如表 7-11 所示。

表 7-11　川环科技车用胶管销售的具体变动

类别	项目	2015 年度	2014 年度	2013 年度
汽车燃油系统胶管及总成	收入（万元）	16 010.43	15 718.08	16 214.80
	数量（万件）	3857.33	3917.11	3498.52
	单价（元/件）	4.15	4.01	4.63
汽车冷却系统胶管及总成	收入（万元）	17 192.06	15 736.23	12 988.75
	数量（万件）	3816.69	3579.07	2810.42
	单价（元/件）	4.5	4.4	4.62
车用胶管合计	收入（万元）	33 202.49	31 454.31	29 203.55
	较上年变动比率（%）	5.56	7.71	6.49
	数量（万件）	7674.02	7496.18	6308.94
	较上年变动比率（%）	2.37	18.82	6.81
	单价（元/件）	4.33	4.20	4.63
	较上年变动比率（%）	3.11	-9.35	-0.31

①数量变动及原因。

报告期内，公司主要产品销售量整体呈上升趋势，一方面是由于近年来国内乘用车市场的大幅度增长，汽车整车企业的产品需求量持续上升；另一方面，公司核心客户业务状况持续向好，畅销车型较多，增加了对公司的产品需求。同时，公司在保证存量生产销售的基础上，通过技术研发，进一步完善了产品细分结构，保证了主要产品的市场占有率。

②单价变动及原因。

报告期内，公司主要产品平均单价总体呈下降趋势，一方面是报告期内主要原材料（各类橡胶）价格和煤炭价格呈现下降趋势，相应影响了部分整车厂客户调低产品价格；另一方面，公司产品销售结构有所变动，新产品的平均价格低于原有产品平均价格，且价格较低的产品占比较大。

（2）业务与市场的匹配性。

①新能源汽车产业政策分析。

新能源汽车和电动车使用胶管较少，尤其是会减少或者不再使用汽车燃油胶管。随着国家新能源汽车鼓励政策的出台及不断推进，将会在一定程度上影响汽车胶管产品的市场需求，这也是全行业面临的产品替代风险。但根据目前政策和市场情况来判断，新能源汽车替代燃油车是一个长期的过程。

②汽车市场整体变动分析。

报告期内汽车市场整体变动情况如表 7-12 所示。

表 7-12　川环科技报告期内汽车市场整体变动情况

类别	2015 年		2014 年		2013 年	
	产量（万辆）	增长比例（%）	产量（万辆）	增长比例（%）	产量（万辆）	增长比例（%）
商用车	342.39	−9.97	380.31	−5.67	403.16	7.56
乘用车	2107.94	5.82	1991.98	10.14	1808.52	16.50
合计	2450.33	3.25	2372.29	7.26	2211.68	14.76

公司车用胶管产品主要用于乘用车，如表 7-13 所示，直接分析公司产

品销量与乘用车产量的匹配性。

表 7-13　川环科技报告期内乘用车市场和车用胶管销售情况

类别	累计增长（%）	增长比例（%）		
		2015 年	2014 年	2013 年
乘用车市场	35.78	5.82	10.14	16.50
公司车用胶管销售	29.92	2.37	18.82	6.81

公司销售各年持续增长，与乘用车市场增长趋势一致。由于车用胶管销售与整车生产存在一定的时间差，故各年增长比例相差较大，但三年累计增长较为接近。

③产品的市场占有率分析。

报告期内公司产品的市场占有率情况如表 7-14 所示。

表 7-14　川环科技报告期内公司产品的市场占有率情况

年度	市场占有率（%）		
	公司车用胶管	其中：汽车燃油系统胶管	其中：汽车冷却系统胶管
2015 年	11.51	18.15	11.98
2014 年	11.96	19.36	11.79
2013 年	10.91	18.15	9.72

公司产品的市场占用率稳中有升，2015 年受产能限制已出现增长瓶颈，市场占有率在整体上与公司销售是相互适应的。

（3）同行业上市公司经营情况。

鹏翎股份⊖（30037.SZ）系国内规模较大的汽车胶管生产企业之一，和公司处于同一细分行业，且规模远大于公司，具有可比性。但具体分析，两家公司经营特征也存在很大差异。

①客户不同。

鉴于更换供应商的机会成本较高，整车厂选定供应商后，多与其供应商形成长期、稳定的合作关系。一方面，这种合作关系对竞争对手构成了很高

⊖ 鹏翎股份相关表述和分析所依据的资料均来源于其上市公司年度报告，年度报告来源于巨潮资讯网 www.cninfo.com.cn。

的进入壁垒;另一方面,供应商的产销量和其整车厂客户的产销量是"一荣俱荣、一损俱损"的关系,同时其产品定价和价格变动也受制于整车厂。

公司与长安、长安福特、比亚迪、江淮、吉利、奇瑞、北汽、上汽五菱等大中型整车厂商建立了长期稳定的合作关系;鹏翎股份主要客户包括一汽大众、上海大众、上海大众动力、长城汽车、大众一汽发动机、华晨金杯、江淮汽车等。鹏翎股份对"大众"等德系品牌存在较高的依赖,而公司的客户品牌更为分散,可以有效地分散单一品牌下滑的风险,故公司产品销量变动应该比鹏翎股份更为均衡一些。

②细分产品不同。

公司产品分为汽车燃油系统胶管及总成、汽车冷却系统胶管及总成等类别,鹏翎股份则分为汽车发动机附件系统软管及总成、汽车燃油系统软管及总成等类别。由于细分产品不同,所以产品单价不具有可比性。

报告期内销售具体数据比较如表 7-15 所示。

表 7-15 川环科技及其对比公司报告期内销售情况

项目	对比公司	变动比率(%)		
		2015 年	2014 年	2013 年
销售量变动	川环科技	2.37	18.82	6.81
	鹏翎股份	-1.23	5.14	27.03
平均单价变动	川环科技	3.11	-9.35	-0.31
	鹏翎股份	-9.24	4.18	3.87
收入变动	川环科技	5.56	7.71	6.49
	鹏翎股份	-10.36	9.53	31.94

两家公司报告期内的销售趋势是一致的,2013 年和 2014 年持续增长,2015 年增长缓慢。由于客户结构不同,鹏翎股份体现出销售波动较大的特征,而公司销售的变动则更为平衡。例如,2013 年大众的产量大幅度提升,带动了鹏翎股份 2013 年销售量的猛增;2015 年在国内汽车行业增速下降的大背景下,大众受不良事件影响销量下滑严重,鹏翎股份销售出现了负增长;而受益于吉利、比亚迪等国产品牌及部分整车厂相关拳头产品的推动,

公司的产品销售则仍然保持了一定的增速。

综合以上行业和可比公司的对比分析，公司业务收入的规模及变动情况与细分行业的市场结构大体是匹配的。

3. 案例评价

本案例中，主要存在收入与行业特征以及可比公司数据的适应性问题。在本例中，公司和鹏翎股份虽然属于同一细分行业，但各自的业务实际是由不同的整车厂分割开来，产品销售直接受制于各自的整车厂客户，并非市场上的直接竞争对手，实际上并不具备非常充分的可比性。

7.4.2.2 网达软件

1. 基本情况

网达软件[⊖]（603189.SH）是一家从事软件研发及服务的高新技术企业，主营业务要包括两类：一是移动互联网多媒体软件及服务，二是商业智能（BI）应用软件及服务。

公司于 2016 年 1 月通过证监会主板发审会审核，发审会上的收入问题：请发行人代表进一步说明，报告期职工人数变化较大的原因，以及与收入变化的匹配性。

2. 相关分析

（1）职工人数变化较大的原因。

公司 2014 年年末、2015 年年中、2015 年年末在册员工人数分别为 438 人、379 人、591 人，员工总数（含劳务派遣）分别为 512 人、424 人、599 人，存在较大幅度的波动。

①年中减少原因。

2015 年年中，公司在册员工人数较 2014 年年末减少 59 人，主要原因

⊖ 网达软件相关表述和分析所依据的资料均来源于证监会发审会审核结果公告和招股说明书（申报稿），审核结果公告和招股说明书（申报稿）来源于中国证监会网站 www.csrc.gov.cn。

包括：公司对商业智能业务结构进行了调整，缩减了低附加值以及与移动互联网多媒体业务不具有协同效应的项目；互联网行业人员正常流失；公司研发团队执行末位淘汰制度。

总体而言，公司2015年年中离职率为18.8%。同时，根据前程无忧发布的《2016离职与调薪调研报告》，高科技行业离职率为19.10%，公司人员变动情况与行业数据基本持平，符合市场特征。

②年末增加原因。

2015年年末，公司在册员工人数较2015年年中增加212人，主要原因包括：公司根据对行业的前瞻性判断，加大技术方面的投入，相应增加研发人员66人；公司针对市场发展状况及主要客户的业务需求，及时增加了项目实施部人员54人；公司在上半年对商业智能服务进行了微调，对具有核心技术或高附加值及协同相应的核心业务进行大力拓展，及时增加了相关服务人员。

（2）职工人数与收入的匹配性。

各部门月平均人数、人均创收情况如表7-16所示。

表7-16 网达软件报告期内职工人数与人均创收情况

部门	2014年		2015年中期		2015年	
	月平均人数	人均创收（万元）	月平均人数	人均创收（万元）	月平均人数	人均创收（万元）
管理层	4	—	4	—	4	—
销售部	27.92	—	22.67	—	23	—
研究院	61.33	—	53.83	—	77	—
项目实施与服务部	344.08	45.41	315.83	23.17	327	62.30
商业智能事业部	117.17	17.58	56	6.19	55	15.79
其他	48.42	—	48	—	50.25	—
合计	602.92		500.33		536.25	

与收入直接相关的是项目实施与服务部和商业智能事业部，故只对该两个部门的人均收入进行列示。2015年年中人均创收与两个全年数据相差较

大，但 2014 年全年和 2015 年全年人均创收差距缩小。

公司主要业务为技术开发和技术服务。技术开发，主要是公司基于产品开发工程量和工程师的成本，向客户收取技术开发费用；技术服务，主要是根据客户需求提供运营服务、推广服务及融合媒体平台服务，其中运营服务的合同金额根据公司提供团队规模和工作量进行计算，其他两项服务与人工投入关联度不高。

根据行业特征和公司经营特点，公司项目合同的签订和实施主要集中在下半年，因此公司下半年收入确认金额一般会高于上半年。例如，2015 年上半年实现收入 7665 万元，下半年 13 574 万元，上半年远低于下半年。

根据公司业务的上述特点，可以得出两个结论：一是公司部分业务与人员数量直接相关，但并不是全部业务都与人员数量相关；二是公司上半年收入远低于下半年，故半年人均与全年人均比较没有实际意义。

3. 案例评价

本案例中，主要存在收入与核心经营数据的适应性问题。人均创收是智力密集型企业的一个核心经营指标，如果合同主要是以人工投入为基础来签订，那么原则上人均收入不应该出现大幅波动。公司员工人数在 2015 年年中下降较多，存在通过临时减少人员而增加当期利润的财务操纵嫌疑。公司业务与人员并不具有完全的相关性，故人均收入指标在此案例中并不具有充分的验证性，且 2015 年下半年人员又快速回升，从全年看，人均收入变动问题已不是很突出。

7.4.2.3 激智科技

1. 基本情况

激智科技[⊖]（300566.SZ）自成立以来一直专注于液晶显示器用光学膜生

⊖ 激智科技相关表述和分析所依据的资料均来源于证监会发审会审核结果公告和招股说明书（申报稿），审核结果公告和招股说明书（申报稿）来源于中国证监会网站 www.csrc.gov.cn。

产技术和生产工艺的升级和创新，自主进行光学扩散膜、增亮膜和反射膜等光学膜产品的研发、生产和销售，是业内知名的液晶显示器用光学膜产品供应商。

公司于2016年7月通过证监会创业板发审会审核，发审会上的收入问题：报告期内，扩散膜和增亮膜的销售收入占发行人营业收入的比例在90%以上，扩散膜和增亮膜用于液晶电视显示器的比例在70%以上。①请发行人代表结合消费习惯的改变对未来电视机销售市场的影响，说明公司营业收入增长的可持续性；②请发行人代表结合OLED等下一代新型显示技术的发展趋势，说明液晶显示器用光学膜业务的可持续性。

2. 相关财务分析

（1）未来电视机销售市场的影响。

未来一段时期内，全球电视出货量将进入较为平稳的增长期，每年增长率为2%～5%。鉴于OLED技术不够成熟且成本居高不下，同时LCD技术本身不断向前发展，未来一段时期内LCD电视仍将处于绝对主导地位，LCD电视出货量将保持持续增长。故未来电视机销售市场对营业收入增长并无明显影响。

（2）新型显示技术的替代风险。

OLED通过利用有机材料实现自主发光，不需背光模组，因此其结构较LCD更简单，材料成本理论上比LCD便宜30%左右。此外，OLED还有更轻薄、视角更大、功耗更低、响应时间短、抗震等诸多优点，可能构成对LCD的潜在竞争。

OLED由于量产技术尚未成熟、价格居高不下等原因，目前主要应用于小尺寸显示领域；当前量产技术最为成熟、性能优秀的LCD成为平板显示领域主导技术和产品，占据了平板显示90%以上的市场份额。LCD技术的不断更新发展，将有效延长其技术生命周期和在平板显示行业的统治地位。

公司判断，未来较长时期内，LCD仍将是平板显示的主流显示器，目前

OLED 的发展还处于初期发展阶段，未来 OLED 能否替代 LCD 尚不确定。

3. 案例评价

本案例中，公司主要存在收入趋势的问题。一是业务的持续成长性，公司最重要的下游液晶电视市场进入了平稳期，公司可能难以保持收入的持续增长；二是持续经营风险，对公司所处产业而言，OLED 技术对目前主流的 LCD 技术存在潜在的替代风险，如果一旦发生，将对公司产品带来颠覆性的冲击，很可能直接影响公司的持续经营。

对上述收入趋势进行分析，重点在于依据整个行业的市场空间和趋势、技术替代风险，以及公司业务驱动因素等对未来收入做出令人信服的预测。

7.5　毛利率的问题及案例

毛利率是分析盈利能力的核心指标。毛利率异常，是经营异常或存在财务操纵的重要信号。

7.5.1　毛利率的主要问题

与毛利率相关的问题是发审会最常见的问题之一。毛利率问题可以归纳为偏离同行业毛利率、毛利率的下降趋势、分类毛利率异常差异、异常交易的毛利率等四大类，IPO 公司在审核中主要涉及的具体问题如表 7-17 所示。

表 7-17　IPO 公司在审核中主要涉及的毛利率具体问题

问题类别	对应的具体问题
偏离同行业毛利率	远高于同行业平均水平
	远高于行业上下游
	与直接可比公司差异较大
毛利率的下降趋势	毛利率大幅下降
	毛利率无法覆盖费用
分类毛利率异常差异	不同客户、不同区域、不同模式下的异常差异
异常交易的毛利率	异常项目的毛利率
	异常客户的毛利率

7.5.1.1　偏离同行业毛利率

毛利率偏离同行业，主要包括远高于同行业水平、波动趋势与同行业不一致、远高于行业上下游的毛利率水平、与直接可比公司差异无合理解释等问题。毛利率偏离同行业，首先是业绩真实性的问题，远高于同行业的毛利率可能是存在财务操纵的信号；其次是会计核算准确性的问题，包括成本核算的完整性、收入确认与成本结转是否配比等；最后还存在高毛利是否具有持续性的问题。一般而言，在充分竞争的行业环境中，异常的高毛利率往往是难以持续的。

7.5.1.2　毛利率的下降趋势

较高的毛利率，代表公司具备良好的盈利能力，在行业中具有竞争优势。毛利率出现大幅度下降，往往说明行业环境、公司竞争策略或竞争优势出现了实质性的变化，公司的持续盈利能力存疑。

7.5.1.3　分类毛利率异常差异

除用行业和产品分类来进行毛利率分析之外，以业务模式、销售区域、项目或客户来分析毛利率也是常用的分类方法。从原则上，不同分类方式下的不同类别，其毛利率存在一定的差异是正常的，且不同类别的差异方向和差异幅度具有其内在的商业逻辑。如果方向和幅度存在明显异常的差异，则有可能是存在财务操纵的信号。

7.5.1.4　异常交易的毛利率

能够产生高毛利的异常交易，如果不能以合理的经营模式和商业逻辑作为支撑，则很可能是存在财务操纵的重要信号。

7.5.2　发审会案例分析

7.5.2.1　名雕装饰

1. 基本情况

名雕装饰[⊖]（002830.SZ）主要从事住宅装饰业务，是一家面向中高端客户的、产业链最完整的家装及家居综合服务提供商。

公司于 2016 年 6 月通过证监会主板发审会审核，发审会上的毛利率问题：请发行人进一步说明报告期内主营业务毛利率高于同行业可比公司平均水平的合理性。

2. 相关分析

公司选择了东易日盛（002713.SZ）、金螳螂、洪涛股份、亚厦股份、广田股份等五家上市公司作为可比同行业公司，相关年度的毛利率比较如表 7-18 所示。

表 7-18　名雕装饰及其可比公司报告期内的毛利率

证券简称	毛利率（%）		
	2015 年	2014 年	2013 年
东易日盛	39.13	38.17	40.21
其中：家装业务	38.03	38.65	34.89
金螳螂	17.81	18.43	17.75
洪涛股份	26.31	20.03	18.42
亚厦股份	16.68	18.90	17.91
广田股份	16.89	16.96	15.84
平均值	23.36	22.50	22.03
公司	33.64	33.71	33.77

尽管都属于建筑装饰行业，但可比公司中，只有东易日盛同样以从事住宅装饰业务为主，其他 4 家以公共建筑装饰、精装修业务为主，即只有东易

⊖　名雕装饰相关表述和分析所依据的资料均来源于证监会发审会审核结果公告和招股说明书（申报稿），审核结果公告和招股说明书（申报稿）来源于中国证监会网站 www.csrc.gov.cn。

日盛与公司处于同一细分领域，是直接可比对象。住宅装饰业务毛利率远高于公共建筑装饰、精装修业务，故公司高于同行业水平有其合理性。

但与最可比的东易日盛相比，其家装业务的毛利率与公司相近，由于木制品和主材销售业务毛利率高于公司，因此综合毛利率高于公司。

综上，公司并没有超过行业水平的盈利能力。

3. 案例评价

本案例中，实际上并不存在毛利率偏离同行业的问题，是因为公司比较的同行业过于宽泛而产生的比较偏差。所以，选择同一细分领域的最可比公司是非常关键的。

7.5.2.2　欣天科技

1. 基本情况

欣天科技⊖（300615.SZ）是一家主要从事移动通信产业中射频金属元器件和射频结构件的研发、生产和销售的国家高新技术企业，射频金属元器件为公司核心主导产品，也是移动通信基站中射频器件的核心部件。

公司于2016年8月通过证监会创业板发审会审核，发审会上的毛利率问题：发行人报告期产品的综合毛利率分别为51.57%、52.36%、46.60%和49.06%，远高于发行人下游客户射频器件厂商的综合毛利率。请发行人代表结合行业发展的趋势进一步说明发行人产品综合毛利率维持在较高水平的原因。

2. 相关分析

公司主要产品是射频金属元器件，目前尚没有与该产品完全类似的上市公司。考虑到大富科技（300134.SZ）、春兴精工（002547.SZ）等5家下游上市公司的射频器件产品属于公司下游行业，且大富科技、春兴精工的结构件产品与公司射频结构件产品存在部分重叠，因而公司将其作为比较对象，

⊖ 欣天科技相关表述和分析所依据的资料均来源于证监会发审会审核结果公告和招股说明书（申报稿），审核结果公告和招股说明书（申报稿）来源于中国证监会网站 www.csrc.gov.cn。

用于间接分析公司毛利率的合理性。

由于上述 5 家下游上市公司生产的主要产品与公司产品大部分都不相同，因此其主营业务毛利率并不具有直接可比性。

（1）下游上市公司各产品的毛利率水平区间为 12.62% ～ 47.22%，区间幅度较大，其中射频器件和射频结构件的毛利率水平相对较低，基站天线毛利率相对较高，这表明移动通信产业链中同时存在低毛利率和高毛利率的产品。

（2）对于和大富科技、春兴精工产品存在重叠关系的射频结构件产品，公司与其结构件产品毛利率水平基本相当。

（3）公司射频金属元器件毛利率水平高于下游上市公司射频器件产品毛利率。但基于公司与下游上市公司在产品类型、生产流程、业务特点、行业发展空间、客户类型等方面存在显著差异，公司毛利率水平较高有其合理性。

①产品类型方面，射频金属元器件是射频器件的核心功能性零部件，而射频器件则是由射频金属元器件及射频结构件集成组装而成。

②生产流程方面，公司与下游上市公司的生产流程显著不同，公司受人工成本、产品良品率的影响明显较小。

③业务特点方面，射频金属元器件产品具有更为明显的"多品种、小批量、多批次、交期短"的需求特征，快速响应客户需求的能力是公司获取高毛利率的重要基础。

④客户类型方面，公司与下游上市公司主要客户不同，客户采购策略各异。

⑤公司射频金属元器件产品毛利率较高，但产品市场空间、业务规模方面不及下游上市公司。

⑥射频金属元器件行业发展滞后于射频器件行业，射频器件行业发展日趋成熟，下游上市公司已经历经从高毛利率逐步下降的过程。

3. 案例评价

本案例中，公司不具有同行业可比公司，与下游行业缺乏直接的可比性，当然很难判断毛利率远高于下游行业的合理性。但从商业逻辑来分析，如果在整个行业链条上，公司并不处于垄断或强势地位，那么毛利率水平远超上下游行业的毛利率水平可能是不正常的，也是不能够长期持续的。

7.5.2.3　振华股份

1. 基本情况

振华股份[一]（603067.SH）公司主要从事铬盐系列产品的研发、制造与销售，并对铬盐副产品及其他固废资源化综合利用。公司主要产品有重铬酸钠、铬酸酐、氧化铬绿、碱式硫酸铬。

公司于 2016 年 1 月通过证监会主板发审会审核，发审会上的毛利率问题：2015 年 1 ～ 6 月公司净利润 1634.74 万元，比 2014 年同期下降 64%。请发行人代表结合 2015 年下半年经营情况进一步说明发行人 2015 年销售收入和利润下滑的幅度，报告期毛利率和净利润大幅度下滑的原因，是否可能出现亏损。

2. 相关分析

2015 年上半年，公司主营业务综合毛利率较 2014 年下降 6.81 个百分点。主营业务毛利率在报告期内持续下降的影响因素主要有：上下游行业受宏观经济周期性波动影响，带动公司主要产品单价及毛利率产生波动；清洁生产技改项目持续投入，降低了单位产品的原材料耗费。

主要产品的毛利率分析如表 7-19 所示。

（1）售价和单位成本变动分析。

随着国内外经济步入增速放缓的新常态，市场需求明显下降，主要产品单价 2015 年上半年均有所下降。红矾钠销售单价降幅约 10.95%，单位成

[一]　振华股份相关表述和分析所依据的资料均来源于证监会发审会审核结果公告和招股说明书（申报稿）及招股说明书（发行稿），审核结果公告和招股说明书（申报稿）来源于中国证监会网站 www.csrc.gov.cn，招股说明书（发行稿）来源于巨潮资讯网 www.cninfo.com.cn。

本与上年几乎持平；铬酸酐平均售价较 2014 年下降 3.97%，在人工、折旧等费用有所增长的情况下，当期铬酸酐单位销售成本较 2014 年增加 3.13%；氧化铬绿售价持续下降态势，当期平均售价较 2014 年下跌 3.03%，单位销售成本上涨 2.74%；公司碱式硫酸铬平均售价较上年下降 3.99%，单位销售成本较上年基本持平，略降 1.12%。

表 7-19　振华股份主要产品的毛利率

产品	2015 年 1 ～ 6 月			2014 年		
	售价 （元 / 吨）	单位成本 （元 / 吨）	毛利率 （%）	售价 （元 / 吨）	单位成本 （元 / 吨）	毛利率 （%）
红矾钠	7292.04	5415.03	25.74	8189.15	5423.37	33.77
铬酸酐	13 952.52	9 872.61	29.24	14 529.97	9572.91	34.12
氧化铬绿	18 312.47	14 097.25	23.02	18 884.40	13 720.92	27.34
碱式硫酸铬	4329.22	3840.48	11.29	4509.13	3883.83	13.87

（2）行业特征分析。

化工行业属于周期性行业，2013 ～ 2015 年毛利率总体呈下跌趋势，符合产业的周期性特征。由于国内没有与公司从事相同主营业务的上市公司，因此公司选取了无机盐大类行业两家上市公司红星发展（600367.SH）、兰太实业（600328.SH）进行盈利能力对比分析，前述公司主要产品与公司产品存在差异，经过比较后的参考意义不大。

对于是否会进一步下跌并导致亏损的问题，从 2015 年全年的盈利来看，下半年销售收入和利润已经出现好转，全年业绩已接近上一年，至 2016 年上半年，由于单位成本下降，公司毛利率已企稳回升。

3. 案例评价

本案例中，主要存在毛利率下降产生的持续经营能力的问题。公司属周期性明显的化工行业，产品销售价格波动较大，毛利率变动呈现出明显的周期性走势。由于不存在从事相同业务的可比公司，所以主营产品的周期性变化没有得到很好的同行业印证。

7.5.2.4　乐心医疗

1. 基本情况

乐心医疗[⊖]（300562.SZ）专业从事家用医疗健康电子产品的研发、生产和销售，以及乐心智能健康云平台的研发与运营，主要产品包括电子健康秤、脂肪测量仪、电子血压计、可穿戴运动手环等家用医疗健康电子产品。

公司于 2016 年 7 月通过证监会创业板发审会审核，发审会上的毛利率问题：发行人 2015 年国内销售收入 21 198 万元，内销实现毛利 5403.49 万元，毛利率 25.49%。如扣除内销销售费用 3767 万元，以及按比例分摊的管理费用，发行人内销业务 2015 年存在亏损。请发行人代表结合 2016 年上半年的情况进一步说明未来内销业务的持续盈利能力。

2. 相关分析

公司 2013 年、2014 年和 2015 年，内销毛利率分别为 43.75%、40.06% 和 25.49%。2015 年，公司内销毛利率大幅下滑，主要原因是公司为迅速扩大国内市场，提升自有品牌知名度和影响力，获取智能产品用户数，调低了国内业务主打的几款智能电子体重秤及可穿戴运动手环售价。在内销产品销量、智能产品用户量大幅增长的同时，公司内销毛利率大幅降低，从而导致出现了上述问题中的不能覆盖当期费用的情况。

报告期内，公司内销毛利率一直高于外销，内销是自有品牌，品牌推广及销售渠道费用较高，相应内销毛利率较高。这与"内销高于外销，自有品牌高于 ODM"的行业特征是相符的。内销市场尚处于初期，自有品牌建立需要较长的时间，公司产品在 2015 年大幅度折价，是用于开拓市场并获取用户的销售策略，短期的毛利率下降和推广费用上升，并不代表原有内销市场恶化和未来不具有持续盈利能力。

⊖ 乐心医疗相关表述和分析所依据的资料均来源于证监会发审会审核结果公告和招股说明书（申报稿），审核结果公告和招股说明书（申报稿）来源于中国证监会网站 www.csrc.gov.cn。

3. 案例评价

本案例中，存在毛利率产生的毛利不足以覆盖相关费用的问题。公司相关内销毛利率与行业和经营特征相符，费用较高与公司用于开拓市场并获取用户的销售策略相关。

7.5.2.5　汉光科技

1. 基本情况

汉光科技[⊖]全称"邯郸汉光科技股份有限公司"，公司专业从事静电成像专用信息产品材料的生产、研发和销售业务，主要产品是有机光导鼓和墨粉。

公司于 2016 年 4 月未通过证监会创业板发审会审核，发审会上的毛利率问题：发行人国外销售下降的同时，国内销量增长较多，国内前十大客户合作时间不长。同时，发行人对不同客户销售同类产品的毛利率差异较大，国外销售毛利率高于国内销售毛利率，贴牌产品毛利率高于非贴牌产品毛利率。

2. 相关分析

公司对不同客户销售同类产品的毛利率差异较大，但招股说明书中未看到相关分析内容。公司业务模式分为贴牌和非贴牌，销售区域分为国外和国内。报告期内，国外贴牌市场不断萎缩，国内自有品牌市场增长较快。从数据上看，国外销售毛利率比国内高出 10% 左右，贴牌毛利率比非贴牌高出 14% 左右。

同时从客户、区域、模式三个角度来质疑毛利率是比较罕见的。从客户来说，内销增长较多，但公司国内主要客户合作时间不长，如果不同客户毛利率存在较大差异，公司与高毛利客户的关系值得怀疑；从区域来说，国内

⊖　汉光科技相关表述和分析所依据的资料均来源于证监会发审会审核结果公告和招股说明书（申报稿），审核结果公告和招股说明书（申报稿）来源于中国证监会网站 www.csrc.gov.cn。

销售的费用一般要高于国外销售，所以正常国内比国外的毛利率要高，且在国外销售不断萎缩的情况下，能否持续维持较高毛利率值得怀疑；从模式来说，贴牌无品牌推广费用和市场渠道费用，产品毛利率一般要低于非贴牌模式，公司体现出来的相反特征也值得怀疑。

3. 案例评价

本案例中，分类毛利率存在异常差异。当然，异常差异并不代表一定存在问题，但至少在财务分析中应该将分类毛利率与不同分类下的市场和产品销售的特征进行充分的相互印证。

7.6　现金流量的问题及案例

现金流量表的分析，可以概括为两个层次，首先，是正确编制现金流量表，重点是与资产负债表、利润表及其他相关财务数据的钩稽；其次，是分析现金流量的结构和质量，重点在于对经营活动产生的现金流量是否"正常"进行合理性分析。

7.6.1　现金流量表的关注问题

现金流量问题是发审会重点关注的财务问题之一。现金流量问题可以归纳为现金流量表编制的正确性、经营活动现金流的质量问题、美化经营活动现金流量等三大类，IPO 公司在审核中涉及的具体问题如表 7-20 所示。

表 7-20　IPO 公司在审核中涉及的现金流量具体问题

问题类别	对应的具体问题
现金流量表编制的正确性	现金和现金等价物的范围存在错误
	现金流量表的相关钩稽关系不正确
经营活动现金流量的质量问题	经营活动净现金流与净利润出现背离
	经营活动净现金流持续为负
美化经营活动现金流量	营运资金变动带来的现金流量好转
	保理或贴现带来的现金流量好转

7.6.1.1　现金流量表编制的正确性

主要包括现金和现金等价物的范围问题和现金流量的相关钩稽问题。将银行承兑汇票作为现金等价物、未将使用受到限制的货币资金从现金中扣除，是常见的现金和现金等价物范围出现错误。现金流量表无法钩稽或钩稽关系不正确，代表着现金流量表编制或相关附注的披露存在错误。

7.6.1.2　经营活动现金流量的质量问题

不同行业和不同经营策略会带来不同的经营活动现金流量的表现，现金流量的质量标准是"正常"，而不是单纯的越高越好、不能出现负数等刻板的标准。

经营活动现金净流量长期为负，缺乏"造血"能力而长期靠融资"输血"的公司，需要关注其财务风险和持续经营能力。经营活动净现金流相对净利润出现突然下降，往往代表着公司产品销售或存货周转遇到了一定的问题。如果存在没有现金流配合的财务操纵，则可能会出现经营活动现金流量与净利润的异常背离。

7.6.1.3　美化现金流量的问题

安排客户提早回款或安排延后支付供应商款项，短期减少营运资金占用，可以达到美化当期现金流量的目的。财务报表表现为应收账款不正常下降或应付账款的不正常上升。同时，客户提早回款，可以减少期末的应收账款，进而减少坏账准备计提并增加当期业绩。上述资金安排有可能存在未披露的背后交易，例如，公司承诺日后调整销售或采购价格，公司关联方向客户提供了回款资金等，而这种背后交易已经构成了财务舞弊。

利用应收票据贴现或应收账款保理（不附追溯权），也是突击增加经营活动现金流量的常见办法。票据贴现或应收账款保理，需要付出较大的贴现成本，正常而言，是不符合商业常理而难以持续使用的。

7.6.2　发审会案例分析

7.6.2.1　苏州恒久

1. 基本情况

苏州恒久[⊖]（002808.SZ）一直从事激光有机光导鼓系列产品的研发、生产和销售业务。

公司于 2016 年 3 月 4 日通过证监会主板发审会审核，发审会上的现金流量问题：请发行人代表进一步说明 2015 年经营活动现金流净额下降、存货和应收账款余额上升幅度较大的具体原因。

2. 相关分析

公司招股说明书中披露的现金流量数据和指标如表 7-21 所示。

表 7-21　苏州恒久现金流量数据和指标

项目	2015 年	2014 年	2013 年
经营活动现金流入（万元）	23 523.49	24 741.84	21 692.82
营业总收入（万元）	22 680.20	21 516.50	20 146.43
现金收入比（%）	103.72	114.99	107.68
经营活动现金流出（万元）	21 839.55	20 693.22	17 774.33
营业总成本（万元）	18 061.85	17 318.58	15 923.31
现金成本比（%）	120.92	119.49	111.62
经营活动产生的现金流量净额（万元）	1683.94	4048.62	3918.49
净利润（万元）	4220.76	4 205.26	3913.64
现金利润比（%）	39.90	96.28	100.12

2013 年和 2014 年，公司现金利润比接近于 1，2015 年下降至 39.90%。主要是由于：一方面，2015 年，公司对于合作时间较长、信誉良好的少量老客户适当调增了原有信用额度，使得公司的应收账款有所增加，经营活动产生的现金流入有所下降；另一方面，公司两条生产线在 2014 年年底及

⊖　苏州恒久相关表述和分析所依据的资料均来源于证监会发审会审核结果公告和招股说明书（申报稿），审核结果公告和招股说明书（申报稿）来源于中国证监会网站 www.csrc.gov.cn。

2015 年年初陆续建成投产，并在本期产能进一步释放，另有两条生产线在2015 年下半年改造完成。伴随着产量与销量的大幅增加，公司的存货规模有所增加，经营活动产生的现金流出有所上升。

公司为了促进销售，对新增优质客户给予一定的信用额度，部分长期合作客户上调了信用额度。根据公司统计，前 13 名客户中，2013 年、2014 年和 2015 年的总信用额度分别为 2600 万元、2850 万元和 3400 万元。2015 年度对客户的信用额度增加较多，用于促进销售的意图比较明显，在这种销售策略下，2015 年收入较 2014 年仅增长了 5%，绝对值增长 1163 万元，尚不及应收账款绝对值增长 2100 万元。

公司生产部门主要根据客户的订购意向以及对产品的市场需求预测安排并组织生产，即并非是"以销定产"。2013 年、2014 年、2015 年产销率分别为 96.84%、97.31%、85.09%，产销率下降，存货增加，主要是库存商品的增加，说明出现了一定程度上的产品积压问题。

3. 案例评价

本案例中，存在 2015 年经营活动净现金流量与净利润背离的问题，公司结合销售策略调整和产能产量变动，说明了应收账款和存货增加并导致经营活动现金流现出现急速下降的原因。从具体原因看，公司产品销售很可能是遇到了一些问题。

7.6.2.2　科龙节能

1. 基本情况

科龙节能⊖全称"吉林科龙建筑节能科技股份有限公司"，公司从事的主要业务包括：建筑节能技术的研发、新型建筑节能材料的生产加工、既有建筑供热计量及节能改造、新建建筑节能方案的设计和实施、建筑节能项目的

⊖ 科龙节能相关表述和分析所依据的资料均来源于证监会发审会审核结果公告和招股说明书（申报稿），审核结果公告和招股说明书（申报稿）来源于中国证监会网站 www.csrc.gov.cn。

咨询和推广等。

公司于 2016 年 5 月未能通过证监会创业板发审会审核，发审会上的现金流量问题：报告期发行人收到其他与经营活动有关的现金分别为 8761.27 万元、7741.68 万元及 10 418.92 万元，请发行人代表说明各期收到的其他与经营活动有关的现金的明细构成，说明列入经营活动现金流量的依据是否充分。

2. 相关分析

2014 年和 2015 年，收到其他与经营活动有关的现金分别为 7741.68 万元和 10 418.92 万元，同时，支付其他与经营活动有关的现金分别为 9095.21 万元和 9029.76 万元，即其他经营活动有关的现金收入与支出金额都比较大。

公司向关联方拆借资金非常频繁，当年拆借当年归还，2014 年共计 11 笔，累计 4508 万元，2015 年共计 17 笔，累计 4120 万元。上述拆借同时增加收到和支付的其他与经营活动有关的现金，对净差额没有影响。资金拆借是否应计入经营活动，在实务中存在争议。从性质上看，资金拆借计入筹资活动更为合适。

为消除资金收支对收到和支付经营活动有关现金的影响，我们使用净差额来与相关附注内容进行钩稽，具体内容分析如表 7-22 所示。

表 7-22　科龙节能其他与经营活动有关的现金分析

项目	发生额（万元）	
	2015 年	2014 年
收到的其他与经营活动有关的现金	10 418.92	7741.68
支付的其他与经营活动有关的现金	9029.76	9095.21
净差额	1389.16	−1353.53
能推测出的净差额	−250	−2095
其中：期间费用中的付现支出（1）	−1080	−940
政府补助（2）	200	400
项目保证金变动（3）	846	−1637
其他货币资金变动（4）	−216	82
不能推测出的净差额	1639.16	741.47

（1）期间费用中的付现支出，根据营业费用和管理费用，扣除其中的薪

酬支出和折旧摊销费用。

（2）与政府补助相关的资金处理。

收到的"与收益相关的政府补助"应计入经营活动现金流量。根据营业外收入中的政府补助及"其他流动负债"的年初年末变动，大致可以推测出2015年约为200万元，2014年约为400万元。

公司将2015年收到的"与资产相关的政府补助"460万元，收到的"征地和拆迁支出补偿款"400万元，均计入了"收到的其他与投资活动有关的现金"，未计入"收到的其他与经营活动有关的现金"。

（3）项目保证金。

其他应收款余额主要为项目保证金，所以直接以其他应收款余额的变动，计算项目保证金对净差额的影响。

（4）其他货币资金。

其他货币资金是银行承兑汇票保证金，未列入现金及现金等价物。公司未作为投资或筹资活动列示，故推测计入了经营活动。根据余额变动计算，2015年导致现金减少216万元，2014年导致现金增加82万元。

3. 案例评价

本案例中，可能存在现金流量表编制不够准确的问题。如果其他经营活动现金流量不能与相关的附注科目完整钩稽，则可能该科目中存在倒轧出来的金额，也可能该科目计入了一些不适当的其他内容。

7.6.2.3　德宏股份

1. 基本情况

德宏股份[⊖]（603701.SH）主营业务为车用交流发电机的研发、生产、销

⊖　德宏股份相关表述和分析所依据的资料均来源于证监会发审会审核结果公告和招股说明书（发行稿），审核结果公告来源于中国证监会网站 www.csrc.gov.cn，招股说明书（发行稿）来源于巨潮资讯网 www.cninfo.com.cn。

售及相关技术服务，公司产品主要定位于中高端市场，拥有 8 大系列逾 300 个主要型号，是国内车用交流发电机产品线最丰富的公司之一。

公司于 2015 年 7 月通过证监会主板发审会审核，发审会上的现金流量问题：发行人报告期内将收到的承兑汇票以背书转让的形式支付采购货款，视同经营活动现金流入或流出，现已对现金流量表相关项目做出调整。请发行人代表进一步说明是否存在将承兑汇票用于支付购建固定资产、无形资产和其他长期资产相关款项的情况，是否影响经营活动现金流量净额。

2. 相关分析

公司产品销售主要采用票据方式和现金方式进行货款结算。在日常的票据管理和使用上，为了加快票据周转，减少资金占用，公司将大部分收到的承兑汇票以背书转让的形式支付采购货款。此外，公司为资金周转还将部分票据予以贴现。

现金流量表的编制，必须依据现金的真实流动，不能存在无真实现金流而"视同"现金流动的情况。应收票据不属于现金或现金等价物，将应收票据背书用于支付采购款，均不存在真实的现金收支，不能"视同"计入现金流入和流出。对于未到期票据贴现所增加的现金，则一般应该列示为经营活动现金流入。但如果存在大量的票据期末贴现，也有可能是美化现金流量的一种手段。

（1）应收票据背书转让对现金流量的影响。

公司报告期内真实的现金收入、现金成本的情况如表 7-23 所示。

表 7-23　德宏股份报告期内真实的现金收入、现金成本的情况

项目	2015 年 1～9 月	2014 年	2013 年
销售商品、提供劳务收到的现金（万元）	22 211.45	26 618.05	23 657.65
营业收入（万元）	31 393.60	41 728.13	37 711.38
现金收入比（%）	70.75	63.79	62.73
购买商品接受劳务支付的现金（万元）	10 864.76	12 335.86	10 354.36
营业成本（万元）	20 911.62	28 685.13	26 372.27
现金成本比（%）	51.96	43.00	39.26

报告期内，公司销售商品、提供劳务收到的现金小于营业收入，购买商品、接受劳务支付的现金小于营业成本，主要原因为在日常的票据管理和使用上，为了加快票据周转，减少资金占用，公司将大部分收到的承兑汇票以背书转让的形式支付采购货款，导致现金流量表中没有体现该收款及付款过程。

（2）现金流量列示的差错。

公司原来将收到的承兑汇票以背书转让的形式支付采购货款，视同经营活动现金流入或流出，后已对现金流量表相关项目做出调整。即公司原来列示的现金流量是不正确的，公司进行了更正，对原现金流量表主要科目进行了重述。

查看招股说明书，公司并没有将前期现金流量的更正作为会计差错来披露。根据前期差错的定义，足以影响报表使用者对企业现金流量做出正确判断的前期差错，除追溯重述前期现金流量表之外，还需要在报表附注中予以披露。公司未披露该项更正很可能是不适当的。

3. 案例评价

本案例中，现金流量表编制中的现金和现金等价物的范围认定存在错误。现金流量表更正，原则上也属于重大差错更正。财务分析中，需要对错误的现金流量表进行更正，这样才能进行准确的分析。

第三部分

财务分析中的财务操纵

第8章

财务分析中的盈余管理

盈余管理为什么存在于很多上市实体的财务报表之中,为什么经常能够在"光天化日"下进行讨论?一方面,会计准则本身是"默许"的,会计政策的可选择性和会计估计的不可靠性为管理层提供了足够的自由裁量空间;另一方面,业务不仅仅只是"默默地"体现到财务报表上来,业务经常能够"主动出击",利用会计自身的规则,找出合适的业务"杠杆"去撬动可观的会计利润。

8.1 常见的盈余管理方法

常见的盈余管理,包括对会计政策的选择、对会计估计的选择、利用业务"杠杆"影响财务等几个方面。同时,在不同的监管导向下,盈余管理的方法也存在不同的特点。

8.1.1　会计政策的左与右

会计政策的可选择性，源自于两个层面，一是对于同一项业务，准则本身给予的选择权；二是对于同一项业务，不同的人基于不同的立场，对业务本质的认定就存在争议，认定为不同业务本质就对应不同的会计政策。

以下讨论几个实务中可选择的会计政策。

8.1.1.1　记账本位币的选择

对于境外经营主体，选择记账本位币的准则规定是比较模糊的。原则上，选择境外主体日常经营收支中的主要外币作为记账本位币更适当一些，但在实务中，为与国内母体记账本位币保持统一，一些仅存在少量业务的境外主体也会直接选择人民币作为记账本位币。

选择以人民币还是外币作为记账本位币，对财务报表的影响是不同的。以人民币作为记账本位币，日常的外币收支属于外币交易，并需要在资产负债表日将外币货币性项目按即期汇率折算为人民币，汇率变动最终计入了当期损益；以外币作为记账本位币，只需要将外币报表在资产负债表日折算成人民币报表，全部资产负债科目均以即期汇率折算，最终折算差额计入"其他综合收益"，并不会影响报表利润。

由上所知，在人民币持续升值或贬值的背景下，尤其是对于一些专门用于境外融资，账面存在较大外币借款的境外 SPV[⊖]，选择人民币或外币作为记账本位币很可能对报表利润造成较大的影响。在实务中，根据汇率走向，对境外 SPV 或类似主体的记账本位币进行变更，也是上市公司经常使用的调节报表利润的方法。

8.1.1.2　计量基础的选择

历史成本和公允价值是最为重要的计量基础。在会计政策层面，允许对

⊖　SPV，special purpose vehicle 的缩写，即特殊目的公司，境外特殊目的公司主要用于境外融资。

相关资产在历史成本和公允价值计量之间做出选择。选择公允价值，能够将资产在资产负债表日的浮动盈亏计入利润表。

实务中，投资性房地产是计量基础选择的最主要应用。在之前房地产持续升值的背景下，选择公允价值计量，不但可以不用按历史成本模式计提折旧，而且可以将升值部分确认为公允价值变动损益，继而形成报表利润。除初始选择外，准则亦允许将投资性房地产的计量基础由历史成本变更为公允价值计量。对于持有投资性房地产的上市实体，通过上述计量基础变更来提升利润是非常容易实现的。

8.1.1.3 资本化还是费用化

原则上，收益性支出应予费用化计入当期损益，资本性支出应予资本化计入资产成本。在实务中，基于对支出性质的判断来区分资本化和费用化支出的领域主要包括：利息费用的资本化、固定资产后续支出的资本化、开发支出资本化。对于盈余管理而言，将相关支出认定为资本化支出，可以"很方便"地直接减少费用，增加报表利润。

开发支出资本化，是上市公司使用的最具影响力的盈余管理方式之一。

8.1.1.4 收入确认方法的可选择性

以下是实务中经常遇到的收入可选择性的问题。

1.总额法还是净额法

对于某项交易，收入确认采用总额法还是净额法，核心是确认企业在参与交易过程中是"责任人"还是"代理人"，交易的本质是赚取差价还是佣金。对于某些不太明确的业务，根据准则规定，还需要进一步根据公司是否是提供资产或服务的主要责任人、是否承担主要的存货风险、能否自主决定商品和服务的价格，以及是否承担供应商和客户的信用风险等原则性规定做出判断。

上述都是原则性的规定，实务中还要结合业务合同的法律形式、资金流动、货物流转、发票开具等相关信息进行综合判断。对于以下列举的业务，其交易形式多样，交易本质在实务中经常有不同认识，所以具体是采用总额法还是净额法，经常是一个非常纠结，同时也具有选择性的问题。

（1）电商平台业务。平台公司是采用总额法将平台流水全额作为收入，还是采用净额法仅将手续费作为平台收入。

（2）游戏平台业务。平台或通道公司是采用总额法将平台充值全部作为收入，还是采用净额法仅将充值分成作为平台收入。

（3）广告或互联网流量分发业务。代理公司是采用总额法，将向客户收取的全部广告或流量费用作为收入，还是采用净额法，仅把来自媒体或流量方的分成作为收入。

（4）物流公司的形式贸易业务。物流公司是采用总额法，将"形式买断"的货物全额确认为销售收入，还是采用净额法仅将购销服务差价确认为收入。

（5）购销方式的委托加工业务。委托方是采用总额法，将形式上完成销售的委托材料发出全部确认为收入，还是采用净额法不确认材料销售收入。

采用总额法还是净额法，对报表利润几乎没有影响，但是对收入成本规模和毛利率水平却有巨大的影响。有争议即代表有可选择性，对于性质相同的业务，想要收入规模的倾向于总额法，想要高毛利率的则倾向于净额法。

2. 完工百分比还是一次性确认

完工百分比和一次性确认，是收入确认的两大方式，前者适用于建造合同和提供劳务，后者主要适用于产品销售。采用完工百分比还是一次性确认，首先要界定清楚业务本身是建造合同、提供劳务还是产品销售。

事实上，完工百分比和一次性确认并非总是"泾渭分明"。某些计算机系统集成类或大型设备类业务，原则上可归属于建造合同，但从其合同特点看，经常属于工期相对较短的"交钥匙"工程，即不存在业主方的定期验工计价，只有在完工交付时业主才予以验收确认。

对于上述业务，实务中更主流的做法是将其视为附有安装等义务的系统产品，或者是既有产品销售又有提供劳务的混合销售。在产品销售的框架下，其在最终交付业主时才完成产品主要报酬和风险的转移，故应一次性确认收入。

3. 完工百分比的选择

根据准则规定，成本进度和工作量进度是最为常见的完成百分比确定标准。从性质上看，这两个标准的计量基础是不同的。成本进度的基础是内部成本，是施工方根据内部的实际施工成本和预计总成本计算的进度；大多数情况下，工作量进度的基础是验工计价，是业主方根据工程完成量和约定的单价确定的已完成工作量。

完工百分比至少有可能在上述两个标准中做出选择，且由于计量基础不同，同一项目确定的两种完工百分比不可能是一致的，即不同的选择会确认出不同的当期收入和毛利。

4. 初验还是终验

在很多系统类产品或较大设备的销售过程中，通常的验收条款是：安装调试后进行初步验收，必要的试运行或系统联合调试后再进行最终验收。根据产品特点和以往的历史经验，如果初验后终验前只提供很少的附加服务，且出现无法通过终验的可能性很小，当然可以将初验视为"产品所有权上的主要风险和报酬转移"的关键时点。但是，"很少"和"很小"都是一个主观的判断，并不代表一定不会发生，如果更严谨一些，选择终验作为收入确认时点在大部分情况下也许更加稳健一些。

在单个项目影响较大的情况下，以初验还是终验作为标准，很可能对当期收入和利润造成较大的差异。

8.1.2　会计估计的对与错

会计估计的根源，是企业经营活动充满了内在的不确定因素，会计准则

本身随处可见 "很可能" "可靠的" "合理的" "预计未来" 等强烈主观性的词语，其赋予了企业在进行会计估计时的广阔空间。从原则性的会计政策到操作层面的会计方法的落地过程中，经常会全方位地运用不同的会计估计。

8.1.2.1　摊销折旧年限

固定资产的折旧和无形资产的摊销，是最常见的重要会计估计。对于基建投入大的 "重资产" 企业，固定资产折旧年限和预计残值决定了其固定成本和当期的利润水平。对于无形资产，根据准则规定，只有寿命有限的才需要在估计使用寿命内进行摊销，使用寿命不确定的不需要摊销，摊销方法应该依据资产的预计消耗方式来确定。可以看出，无形资产在寿命是否确定、估计使用寿命、预计消耗方式等三个层面都涉及重要的会计估计。

准则允许内部的开发支出资本化，造成的结果就是账面上的技术类无形资产不断增大。原则上，技术的领先性不可能是无限持续的，但这个年限是 3 年、5 年、10 年还是 20 年，则完全基于企业自身的主观判断而定，不同摊销年限下产生的利润差异往往是非常大的。

8.1.2.2　资产减值计提

1. 坏账准备

根据准则规定，确定坏账准备需要预计应收款项的未来现金流量现值，实务中，普遍采用单项认定和账龄分析法相结合的方式来计提坏账准备。对于单项认定，除了非常明显的无收回风险而不计提或已无法收回而全额计提之外，其他部分计提都面临对可收回款项进行估计的可靠性问题；对于账龄分析法下的计提比例，或高或低并没有明确的可验证方式，计提比例存在很大的主观选择权。

2. 存货跌价

根据准则规定，确定跌价损失需要预计存货的可变现净值，可变现净值的确定，则涉及估计售价、估计成本、估计税费等系列估计。对于估计售价，需要以资产负债表日最可靠的证据予以估计，如果售价在资产负债表日后期间出现较大波动，估计售价的选择也会出现很大的空间。

某些行业，如服装行业、食品行业、图书出版行业、消费电子行业等，其存货库龄与可变现净值之间存在直接的相关性，实务中经常使用库龄分析法来计提跌价。库龄分析法与账龄分析法存在类似的问题，也是对计提比例的主观选择权过大，对计提结果的合理性难以验证。

3. 非流动资产减值

根据准则规定，确定长期股权投资、固定资产、无形资产和商誉等非流动资产的减值需要预计其可收回金额。计算可收回金额，很可能需要对资产组的未来现金流量和折现率进行预测，即可收回金额的确定建立在重要盈利预测的基础之上，非流动资产的减值也是预测的结果。而实践告诉我们，对未来的经营业绩做出准确预测几乎是不可能做到的。

基于非流动性资产减值金额重大、减值幅度不容易判断、减值后不能转回等特点，利用非流动资产减值操纵利润主要有两种形式，一是减值计提不足，二是减值计提过度，即通过一次性大额或全额减值来"洗大澡"。

利用商誉减值进行利润调节，是上市公司使用的最具影响的盈余管理方式之一。

8.1.3 业务决定财务还是财务决定业务

正常的生产经营业务，通过确认、计量和记录，都会"按部就班"地体现到财务报表中，单项或单笔的正常业务一般不会对财务报表产生重大的影响。但有一些业务却具有对财务报表的"杠杆"效应，此类业务的特别之处，在于往往只是一个模式、一个程序、一个时点、一个1%股权的小变化，都会由于会计处理而引起当期业绩的大变化。为了达成业绩目标，主动寻找能够撬动财务的业务"杠杆"，从而创造出既定的业绩，这种"杠杆"

的本质是利用业务对财务报表进行业绩粉饰。

以下讨论实务中的一些业务"杠杆"。

8.1.3.1　提供卖方支持的销售

所谓提供卖方支持的销售，是卖方向买方提供资金和信用支持，买方取得的资金或信用专门用于购买卖方产品，进而可以快速扩大卖方的销售规模。常见的卖方支持包括：分期付款的产品销售，且付款来源往往与产品在使用中产生的现金流紧密相关；与银行合作，买方向银行贷款用于购买，卖方为银行贷款提供担保；引入融资租赁公司，融资租赁公司向卖方购入设备再租赁给买方，卖方向租赁公司提供回购承诺。

上述卖方支持下的销售模式，卖方在形式上完成了产品交付，但对于买方而言，无论是支付卖方货款、支付银行贷款还是支付租赁公司租金，其分期付款的本质是没有发生变化的。卖方在实现销售的同时，承担了由于买方采用分期付款所带来的额外的最终回款或担保风险。

实务中，在未出现明显的回款风险的情况下，卖方一般可以在产品交付时确认销售收入，并在短期内大幅度提高销售业绩。但在本质上，提供卖方支持实际上是卖方主动为买方加了财务"杠杆"，卖方经济利益流入的风险是客观存在的，如果卖方更多的是基于短期业绩考量而不是优先考虑回收风险，实际上是一种提前确认销售收入的粉饰行为。

8.1.3.2　股份支付作废与取消

在股权激励计划的可行权条件无法满足时，企业要么提前"主动取消"，要么等待"自动作废"。无论是作废还是取消，职工都没有获得激励工具所带来的收益，但对企业的利润影响却是完全不同的。根据会计准则的规定，"自动作废"，不但当期不需要确认应分摊的费用，同时还可以将之前已确认的费用在本期冲回；"主动取消"视同为加速行权，不但不能冲回前期费用，还要将剩余等待期内尚未确认的费用立即计入当期损益。

准则对"主动取消"的规定是一项处罚性规定，但是，企业一个简单的对激励结果没有任何影响的程序，居然会导致会计处理结果的重大差异，不能不说这真是一个非常"奇葩"的规定。从另外的角度，企业一旦了解了作废和取消的不同会计后果，在可行权条件无法满足的情况下，谁还会主动去做一个取消的动作呢？

8.1.3.3　长期股权投资的价值重估

在成本计量基础下，除计提减值的向下重估之外，一般是不允许资产价值向上重估的，但准则对长期股权投资却网开一面，允许其在一定条件下进行价值重估并确认重估收益。

利用长期股权投资的价值重估来调节利润，是上市公司最具影响的盈余管理方式之一。

8.1.3.4　制造经营活动现金流量

我们经常认为，现金流量表是以收付实现制为基础，是对权责发生制下"应计利润"很好的修正，现金流量表中的经营活动现金净流量代表着利润的"含金量"，是一个具有更多客观性的"诚实"指标。

实际上，经营活动现金流并不是那么纯粹，通过一些简单操作，也很容易干预应收款的现金收回，从而达成提升利润"含金量"的目的。下面是两类常见的加速回款的方式。

1. 为客户提供信用支持以加速回款

向客户购货贷款提供卖方担保，在承担额外风险的前提下，表面上的销售收款非常顺畅。或者用自己的资金，直接或间接向客户提供借款，专项用于销售回款，资金一进一出，即完成了经营活动现金流的美化。

2. 应收票据的加速变现

公司收到的客户用以结算货款的银行承兑汇票，不属于现金或现金等价物，不能直接计入当期现金流。但票据贴现所取得的资金，主流观点认为属于经营活动现金流量，故在愿意支付贴现费用的前提下，票据贴现是非常简单的制造现金流量的方式。

8.1.3.5 资产负债表日后事项

资产负债表日后事项是资产负债表日至财务报表批准报出日之间的事项，包括调整事项和非调整事项两类，调整事项需要对原来的会计报表进行更正。

报告批准报出日是资产负债表日后事项明确的截止日，调整事项发生在该时点之前或之后，对报表的影响是完全不一样的。通过确定或变更截止日，就很容易规避一些不愿意调整报表或不愿意披露的期后事项。最常见的，期后发生的销售退回，如果是在截止日前，就需要调减原报表业绩，如果是在截止日后，则不需要调减。

由此可见，一个时点的确定对业绩的影响有时候也会非常大。

8.1.4 准则导向还是监管导向

实务中，几乎只有上市实体是主动遵循会计准则，而不是一味"屈从"于税务相关规则的群体。IPO 公司和上市公司作为最重要的上市实体，尽管都遵循同一部会计准则，但由于二者所处的监管环境不同，其对盈余管理的认知和使用是完全不同的。

在 2017 年 6 月 9 日的证监会例行发布会上，证监会新闻发言人表示，对于 IPO，"下一步，证监会将进一步强化发行监管，在严防造假的同时，严密关注公司通过短期缩减人员、降工资、减少费用、放宽信用政策促进销售等方式粉饰业绩的情况。"⊖ 可以看出，监管部门对 IPO 公司实行实质性审核，不允许存在业绩粉饰，而一旦成为上市公司，似乎是解脱了实质性审

⊖ 参见中国证监会网站 www.csrc.gov.cn。

核的"枷锁",业绩粉饰普遍活跃起来。

8.1.4.1　非经常性损益的作用不同

IPO 公司全部财务指标中,凡涉及净利润的,统一都是"扣除非经常性损益后孰低"的标准;IPO 审核过程中,强调的是扣除非经常性损益后的净利润,即计入利润表的公允价值变动损益、资产处置损益、补贴性收入等非经常性损益并不会增强盈利能力。而对上市公司而言,最生攸攸关的是保持盈利,避免"戴帽"或"保壳",大部分情况下只要是盈利就可以了,不用考虑是不是非经常性损益。

对非经常性损益的认定,上市公司和 IPO 对同一事项也有不同的看法,例如股份支付形成的当期费用,IPO 公司允许作为非经常性损益扣除,而上市公司是不允许扣除的。

8.1.4.2　会计方法的可控性不同

可控的会计方法,一是会计确认需要有客观性较强的外部证据的支持,二是要尽可能地限制会计估计的空间。

IPO 公司更强调会计方法的可控性,以避免业绩粉饰的嫌疑。在收入确认时,上市公司强调符合准则,IPO 公司强调既符合准则,又要有足够的外部证据作为核心依据;上市公司开发支出资本化盛行,但在 IPO 公司是基本不允许的;上市公司会计政策和会计估计变更频繁,但 IPO 公司在报告期内需要保持会计政策和估计的一致性。

8.1.4.3　对业务粉饰的态度不同

IPO 公司利用业务进行的报表粉饰,经常会在审核中造成实质性障碍,所以粉饰性的业务相对较少或轻微。由于业务粉饰带来的利润金额相对较大,一般远非会计粉饰能够相比的,所以在舞弊红线之内,上市公司利用特定业务进行业务粉饰是常见的行为。

8.1.5　盈余管理对财务分析的影响

盈余管理给财务报表带来了各个层次的问题，但它仍然是企业管理层的"权利"而非"错误"。基于财务分析的角度，我们需要判断财务报表中是否存在重要的盈余管理以及盈余管理的性质，并有针对性地做出应对。

盈余管理按性质可以分为会计方法和非会计方法两种。

8.1.5.1　会计方法

即利用会计方法的可选择性而进行的盈余管理，具体而言，即选择了不可控或不可比的会计方法。存在这种情况的，我们需要根据更适当的会计方法对财务报表进行调整或对相关财务数据进行模拟。

8.1.5.2　非会计方法

即利用操纵"杠杆"性业务而进行的盈余管理。如果制造的是非经常性损益，我们在计算"核心利润"时予以扣除即可；如果制造的是经常性损益，我们则需要分析其可持续性及对财务报表前后期的影响，必要时，也需要考虑调整报表或模拟正常利润的可行性。

盈余管理对财务分析带来的麻烦，肯定是有会计本身的问题，因为会计从来就不是"1 加 1 等于 2"的科学，会计只是一种动态的平衡，而不是简单的对错。实际上，就算没有盈余管理，最诚实的管理层基于最客观最可靠的初衷去选择会计方法，仍然会因为主观判断不同而对财务报表带来影响。

公平而言，会计只是站立在原地的一个被动的规则，"不是风动，不是幡动，仁者心动"，是的，会计准则不是问题，会计实务也不是问题，有问题的是报表编制者操纵业绩的强烈动机。每一项业绩粉饰，操纵者都会说这是会计准则所允许的，会计已成为必然的"背锅侠"。

8.2　盈余管理的三件"重型武器"

盈余管理的套路和方法多种多样，在上市公司实务中，开发支出资本化、商誉减值测试以及长期股权投资的核算转换等三种方法，运用非常简单直接，但对损益造成的影响经常是巨大的、颠覆性的，可谓业绩粉饰三件"重型武器"。

8.2.1　开发支出资本化

开发支出资本化，是企业会计准则 2006 年开始执行时即带来的最大、最早的业绩"福利"，原因就在于具体准则在实际运用中的宽泛和随意。在使用范围上，无论行业特征、公司特点、新技术和新产品的性质；在使用过程中，无论有无立项、结项和知识产权申请等第三方证据的支持；在费用归集中，无论料、工、费是否真的与研发项目直接相关。

前期的资本化金额越高，后期无形资产的摊销压力越大，所以开发支出资本化本质上是"寅吃卯粮"的游戏。在开发支出转入无形资产之后的核算中，经常出现摊销期远大于实际经济使用期间，以及无形资产相关的技术和产品已明显过时或更新换代，但并不及时计提减值或处置资产的情况。

8.2.2　商誉减值测试

伴随着资本市场并购的不断"泡沫化"，巨额商誉的产生是必然伴随而来的财务后果。按准则规定，商誉不需要分期摊销，只需要定期进行减值测试，即无论其金额多大，在不减值的情况下对业绩是没有影响的。由于减值测试的基础通常是通过未来现金流量折现而计算的被投资公司的存续价值，在需要减值的情况下，很显然，未来现金流量折现的方法是极易受到控制的。

从准则的角度，商誉在初始确认时，鼓励并购方尽可能地辨认被并购方的可辨认资产，核心是确定出账面上未记录或被低估的无形资产的公允价值。但在具体运用中，由于确认无形资产所带来的后续摊销压力，多数公司并不倾向于更多地辨认无形资产，而是尽可能地计入无须摊销的商誉。

商誉具有业绩"助跌"的效果，在被并购公司业绩未达预期时，意味着商誉减值的可能性大增，即会对并购方合并业绩带来双重压力。基于业绩考虑，如果整体业绩允许，并购方倾向于对商誉减值进行平滑处理，如果业绩情况实在不理想，则倾向于"一次亏个够"，通过一次性计提全额或大部分减值进行处理。

8.2.3　长期股权投资的核算转换

对持有的长期股权投资，根据是否控制、是否有重大影响来划分，被投资公司可以分为纳入合并范围的子公司、权益法核算的合营或联营公司、列入可供出售金融资产核算的参股公司等三种类别。根据会计准则，三种类别之间发生转换时，均涉及采用公允价值对长期股权投资在转换时点时的重新计量，公允价值与原账面价值的差异直接计入当期投资收益，同时，原核算规则下形成的其他综合收益等权益也需要转入当期投资收益。

一般情况下，对长期投资的类型划分是以股权比例、董事会组成来确定的。持股 51% 拥有绝对控制权，属于子公司；持股减少 1% 下降至 50%，很可能失去控制权而变成了合营或联营公司；董事会组成中，提名的董事占据多数席位，拥有控制权，如果提名的董事减少 1 位而失去多数席位，很可能失去控制权而变成了合营或联营公司。通过上述股权比例或董事会席位的调整，还容易带来长期投资的重估机会。

在"资产荒"的大背景下，多数前景看好的公司，尤其是一些从事移动互联网相关业务的创业公司，其建立于融资估值基础上的公允价值实现了快速增长，三种类别的转换非常容易通过公允价值重估创造出巨额的账面投资收益。

举一个简单的例子：A 公司原始投资 51 万元，持有某初创 B 公司 51% 的股权，拥有控制权并合并报表。B 公司引入新的投资方，投后估值 1 亿元，A 公司投后持股比例稀释至 50%。因为持股比例下降了 1%，导致 A 公司失去了控制权。

根据准则规定，上例中 A 对 B 的投资需要转换为权益法核算，按新的投后估值，A 公司持股的公允价值为 5000 万元，权益法下初始确认的长期股权投资应为 5000 万元，不考虑持有期间的损益变动，其与原投资成本 51 万元的差异 4949 万元可以一次性计入投资收益。

从上例可以看出，在被投资公司估值飞涨的背景下，1% 的股权比例变动，就能够发挥出巨大的威力。而这种长期投资类型的转换，又是非常容易通过操纵股权比例变动来实现的。

在丧失控制权的情况下，在合并报表层面还会带来另外的业绩影响，即原内部交易不需要再合并抵销。在内部交易对母公司业绩贡献很大的情况下，丧失控制权后对整体业绩会带来更大的影响。

从盈余管理的技术本质来看，开发支出资本化，是将相对模糊的期间费用进行资本化处理；商誉减值测试，本质是利用减值技术本身存在的巨大估计空间；长期股权投资的核算转换，则是制造一些超级“杠杆”交易来达到股权价值重估的目的。

在上市公司中，主要资产是商誉和内部无形资产的财务报表一点都不罕见，财务报表的“脱实入虚”，是会计准则本身、管理层业绩粉饰，以及监管环境等共同作用的结果。在同样的会计准则下，上市公司对上述三件“重型武器”趋之若鹜，而 IPO 公司则基本无动于衷，这显然是上市公司和 IPO 公司所处的监管环境不同所带来的巨大影响。

第9章
财务分析中的财务舞弊

我们作为外部财务信息使用人，无论是在何种场景下，不能够发现财务报表中存在的舞弊，是财务分析面临的最大风险。虽然对舞弊的分析持续在整个财务分析过程之中，但我们的时间和精力是有限的，在没有相关指引的情况下，泛泛的分析往往是缺乏效率和效果的。

快速识别财务舞弊的高风险领域，并通过"舞弊恒等式"的指引来找到舞弊，有助于我们在财务分析中更加有效地发现舞弊，并及时采取措施做出进一步的应对。

9.1 财务舞弊的风险特征

舞弊也是一项技术。在原则上，只要管理层凌驾于内部控制之上，任何公司都存在实施舞弊的可能性，区别只是舞弊本身的复杂程度不同。在实务中，不同特征的公司发生舞弊的风险是不同的。对舞弊的发生有重大影响的，除了舞弊者对风险收益的衡量之外，最重要的是舞弊实施在技术上的难易程度。

在技术上，容易产生舞弊的领域有两个方面的特征。

（1）容易构造业务流程和财务流程。

重大的舞弊都是管理层组织的系统舞弊，整个过程都需要业务和财务两个流程的配合。业务流程，包括确定外部交易对手和进行内部的业务流转；财务流程，包括构造资金流转路径和处理虚构利润涉及的会计流程。

交易对手越配合、业务流转越简单、资金流动越隐蔽、会计处理越模糊，实施舞弊的难度就越低。

（2）容易产生最大化利润的业务。

不同业务和方法制造利润的"性价比"是不同的，毛利率越低的业务，其需要对应的收入越高，毛利率越高的业务，对应的收入就越少。增加边际成本为零的收入，或直接减少成本或费用，都可以直接增加利润，显然拥有最高的"性价比"。

具有上述全部或部分特征的某些行业、某些企业、某些业务和某些会计方法，在技术上更容易进行舞弊，其出现财务舞弊的固有风险更大，是我们在财务分析中必须重点关注的舞弊高风险领域。

9.1.1　高风险行业

交易对手不规范或不透明，业务环节简单或难以验证，资金流动缺乏痕迹，是判断高风险行业的核心要点。

9.1.1.1　交易对手不规范或不透明

交易对手不规范，主要体现在业务开展、发票开具、资金使用等方面。交易对手是个人、个体工商户、无资产无场地无人员的境内"皮包公司"、境外 BVI[⊖]公司，其不规范运作的可能性就会高。

　　⊖　BVI，british virgin island 的缩写，指英属维京群岛。BVI 公司泛指在海外避税地注册的离岸公司。

交易对手不透明，主要指交易对手是数量庞大的个人消费者的情况。完全依赖于互联网的网络游戏、电子商务等 B2C[⊖]业务，交易对手是不可见的个人，也可能只是一个非真实身份的网络账号，所以很容易产生"自充值"或"刷榜"行为；除了线上的情况之外，线下的连锁零售行业，经常是直接面对个人消费者的门店销售，也往往具有不够透明的特征。

交易对手不规范或不透明，则存在更高的舞弊风险，主要原因如下：

（1）相对于规模大、知名度高、信息公开的交易对手而言，个人、个体工商户、"皮包公司"、BVI 公司等对舞弊的配合度更高。

（2）舞弊企业更容易虚构或自设个人、个体工商户、各类"皮包公司"、BVI 公司等类型的交易对手用于"自我交易"。

（3）如果以不透明的、数量巨大的网络账号、个人消费者或个人供应商作为交易对手，则查证其真实性的难度更大，成本更高，甚至是完全不可能的。

9.1.1.2　业务环节简单或难以验证

存在实物流转的制造类企业，业务环节复杂，往往涉及采购、生产、存储、发运等一系列流转过程，故虚构业务的难度较大。不存在实物流转的行业，往往业务环节比较简单，同时还经常具备以下两个特征：

（1）产品或服务的售价不是以成本为基础，所以其公允性不容易判定。

（2）产品或服务的收入和成本并没有直接的配比关系，甚至是零边际成本。

所以，不存在实物流转的行业更容易虚构业务和利润。例如，软件产品，可能交付一张光盘就完成销售，且没有直接成本；智力服务，除一些人力密集型的项目之外，大部分可能完成一个设计或策划一个方案就实现了销

⊖ B2C，business-to-customer 的缩写，指企业对消费者，是企业对终端消费者的一种网络销售模式。

售，和成本没有规律性的配比关系；网络游戏，其通过出售虚拟道具获取收入，而道具的生产、出售和消耗均是系统虚拟的，根本不涉及真实流转和直接成本。

某些存在实物流转的行业，虽然业务环节并不算简单，但由于其流转过程、结余数量或结存价值难以查证，也容易虚构业务。例如，某些"农林牧副渔"行业，一方面，其产品或长在山上，或种在田里，或养在水中，其播种或育苗、种植或养殖、收割或收获的过程看不清楚，实物流转的追踪也就无从谈起；另一方面，其产品的结存数量不易盘点，还很可能由于存在稀缺性和不同成色之分，造成其结存价值也通常难以验证。在实物流转、存货数量和价值难以查证的情况下，就很容易把虚构的利润隐匿其中。

9.1.1.3　资金流动缺乏痕迹

真实的业务必然伴随真实的资金流动，通过银行转账形成的资金流动最具客观性，也最容易查证。对于主要采用非银行转账方式进行支付的交易，可以很轻易地掩盖真实的资金流动。实务中有两种方式：一是现金交易，现金流转显然没有非常可靠的流动痕迹；二是银行承兑汇票进行资金结算的交易，由于在背书过程中不需要连续性，故可以很轻易地掩盖真实的收款方、付款方以及资金结算的时间。

此外，面对终端用户的业务，即便每笔交易全部通过银行或第三方转账支付，但由于用户本身可能是不实名的，所以查证付款方和用户的一致性几乎是不可能的。在这种情况下，其资金流动在本质上也是缺乏痕迹的。

综合上述三个特征，我们来具体分析上述提到的具有"天然"舞弊基因的几个行业，参见表9-1。

所谓"存在"或"不存在"上述特征，是指该特征在某个行业经常出现或基本不会出现，但涉及行业内的具体公司，尚需要分析其具备的个性化特征。软件产品"部分存在"交易对手不规范不透明的情况，主要是软件产品的销售模式中会存在一些不规范的经销商或代理商。

表 9-1　具有"天然"舞弊基因的几个行业

行业 / 舞弊特征	交易对手不规范或不透明	业务环节简单或难以验证	资金流动缺乏痕迹
农林牧副渔	存在	存在	存在
互联网（B2C）	存在	存在	存在
连锁零售	存在	不存在	存在
软件产品	部分存在	存在	不存在
智力服务	不存在	存在	不存在

农林牧副渔行业和互联网（B2C）行业均具备上述三个特征。在实务中，这两个行业也是近年来财务舞弊最为高发的行业。

9.1.2　高风险结构

对于我们分析的标的公司而言，最简单的控制结构，即实际控制人直接控制该企业，且其未控制其他业务及相关主体。但实务中，上市实体往往是处于一个企业集团之中，集团结构可能体现为多元化和多层次两个方面。

9.1.2.1　多元化的业务结构

集团业务结构，指实际控制人所控制的集团内的全部业务和主体及其相关的结构。实际控制人如果实行多元化经营，则除我们分析的标的企业之外，还存在其他业务和其他多个经营主体。

9.1.2.2　多层次控制的股权结构

实际控制人只有标的公司一家实际经营实体，但却可能搭建了多层次控制的股权结构，该结构可能是在境内，也可能是在境外，每个层次都通过不同的境内或境外的 SPV 进行控制。

相对于最简单的控制结构，如果存在多主体、多元化经营，以及多层次控制的集团结构，则存在更高的舞弊风险。主要体现在：一方面，可能存在集团内的关联交易，在交易价格的公允性难以验证的情况下，很容易出现利益输送行为；另一方面，更容易出现关联方代为支付费用，包括支付员工薪酬、支付供应商款项、支付各类费用等行为。代付费用相对是最容易操纵且难以发现的舞弊方式之一，上述的集团结构有代付费用的天然便利条件。

9.1.3　高风险业务

高风险业务，指具备高风险业务趋势、高风险业务模式、高风险客户和高风险交易等四种特征的业务。

9.1.3.1　高风险业务趋势

主营业务所处的行业不够景气，行业整体已进入衰退期或处于下降周期，公司也不是具有支配地位的行业龙头。在这种趋势下，如果公司业绩实现逆趋势变动，则往往代表着更大的舞弊风险，需要进一步分析业绩变动的财务和经营原因。

9.1.3.2　高风险业务模式

产品销售模式可以分为直销和经销。经销商的经营规范性往往相对较差，通过与经销商串通，公司可以通过"铺货"填充销售渠道或操纵销售价格，所以经销比直销的舞弊风险更高。采用经销模式的，多层次经销比单层次经销的查证难度更高，境外经销比境内经销的查证难度更高。

9.1.3.3　高风险客户

包括不具有稳定性的客户、交易条件明显宽松的客户、毛利率超过正常水平的客户、既有销售又有采购的客户等，具有上述特征的客户往往意味着其与公司存在正常商业行为之外的关系，配合公司操纵业绩的风险较大。

9.1.3.4　高风险交易

常见的高风险交易包括："突击性"交易，主要指集中于特定日期之前，交易量有违于正常周期性或季节性特征的交易；偶发的高毛利交易，主要指销售结构出现不正常变化，毛利率远高于其他产品的产品销售突然增加；偶发的无实物形态的交易，主要指销售实物产品为主的企业，忽然出现了毛利率极高的技术服务、技术转让等相关的非实物业务，且显然不具有持续性。

9.1.4 高风险会计方法

运用过程中缺少客观性的会计方法，容易被舞弊者利用，属于高风险的会计方法。缺少客观性，指某些对利润有重大影响的会计方法，其计量、确认的过程中只依赖于内部证据而无第三方证据，即刻意使用了不具有可控性的方法。

在财务分析的过程中，通过分析企业是否处于存在舞弊基因的行业、是否存在于复杂的集团结构之中、是否发生了明显有利于提升业绩的特别业务、是否使用了不具有可控性的会计方法，可以使我们更容易地找出可能存在舞弊的高风险领域，并集中力量进行进一步的舞弊分析。

9.2 舞弊的会计恒等式

财务舞弊的目的是产生虚假的会计利润，根据会计的平衡关系，贷方产生利润，借方则有虚增资产、虚减负债、虚减权益等三种可能，这就是"舞弊恒等式"。贷方利润，可能是由虚计收入产生的，也有可能是少计成本或费用产生的。

9.2.1 恒等式的借方

9.2.1.1 虚增资产

虚增资产，往往是公司内部"费用资本化"以及"自我交易"的结果。所谓"自我交易"，指先通过虚构资产交易（例如，支付往来款项、购买原材料、长期资产支出等）将大额资金转出，再将上述资金设法转入公司客户，最终以销售交易的方式将资金转回。

1. 流动资产虚增

流动资产虚增，包括货币资金虚增，应收账款、其他应收款、预付账款等往来款虚增，以及存货虚增等。

货币资金虚增，往往是银行流水和银行存款余额直接作假，多数情况下需要银行的配合，性质非常恶劣。往来款虚增的原因，可能是虚增了收入而没有配合回款；也有可能是流出的资金在其他应收款或预付账款挂账，实际现金已包装为销售回款重新流回公司。

存货虚增的原因，有可能是数量虚增，有可能是单位成本虚增，也有可能是数量和成本同时虚增。数量虚增，目的是减少存货单位成本而最终实现销售成本虚减；单位成本虚增，则很可能是通过存货采购转出资金并最终包装为销售回款。存货包括原材料、在产品和产成品，三种类别都有可能形成数量或单位成本的虚增。

2. 非流动资产虚增

相比于流动资产，在建工程、无形资产、生产性生物资产等非流动资产的购建支出较大，购建过程专业性较高，真实成本难以判断，故非流动资产虚增往往更具有隐蔽性。形成虚增的原因，可能是将费用进行了资本化处理；也有可能是通过增加非流动资产包装成投资性现金流出，流出后再通过客户包装为经营活动现金流入。

9.2.1.2　负债或权益虚减

1. 负债虚减

通过少计采购，可以达到少计成本或费用的目的，虚增利润的同时虚减了对供应商的负债。

负债虚减需要供应商等第三方的配合，属于第三方输送利益。但"天下没有免费的午餐"，这种利益输送只能是暂时性的，是其他的背后利益安排的。例如，向第三方许诺期后加价，向第三方许诺期后高价收购股权等。

2.权益虚减

关联方通过关联交易输送利润，形成的非正常利润本质上属于与公司的"权益性交易"，虚增利润的同时，也就减少了本应计入资本公积的权益。

可能的情况包括：公司以远高于公允价值的价格向关联方销售，以远低于公允价值的价格向关联方采购，关联方直接代付成本和费用，关联方提供的资金包装为虚构收入的回款等。

9.2.2　恒等式的作用

通过舞弊恒等式的原理可以知道，虚增利润必然会影响到资产负债表科目，所以在利润存疑的前提下，通过分析资产负债表科目存在的异常，往往能更准确地发现财务舞弊的线索，且有可能能够直接断定舞弊的方式和金额。

较大的财务舞弊，无一不是虚增收入和虚减成本，即除非虚增收入和虚增成本完全匹配，否则都会带来毛利率虚高的问题。由此，对于大部分的财务舞弊，毛利率畸高同时存在异常资产，是一个最常见的"双击"舞弊的信号。

利润表的异常，主要体现为收入异常、毛利率异常及期间费用率异常。资产科目的异常，主要表现在资产余额、类别及波动与公司的经营模式、业务特点或者商业常识不相符。一些常见的资产异常情况：

（1）银行存款余额持续畸高，但同时存在持续频繁的银行借款。

（2）应收账款增幅远超过收入增幅，且集中于异常客户。

（3）向明显处于行业弱势地位的供应商大量预付款项。

（4）存货周转率过低且与经营规模明显不符，尤其是一些存货数量难以盘点核实，以及存货的价值难以判定的行业。

（5）在建工程、无形资产及生产性生物资产等非流动性资产大幅度增加，但大量购建缺乏经营上的合理性和必要性，尤其是在新增资产真实性难以验证的情况下。

通过负债的虚减降低成本和费用，以及关联方通过代付成本和费用虚增利润，实质上是影响报表的完整性，在实务中完整性问题比真实性问题更加难以发现。通过分析对供应商往来款的不正常下降，结合采购单价和相关费用的波动情况，有可能会发现成本费用存在的异常。

关联方通过不公允价格进行的销售和采购，如果同时存在第三方交易，通过价格对比，是比较容易发现的。但在集团架构下的关联交易，经常会不存在可比的公允价格，这种情况下就很难查证利润输送。

9.3　舞弊案例分析

我们选择 2016 年中国证监会公布的四个舞弊案例进行分析，包括 IPO 申报的辽宁振隆特产股份有限公司（以下简称振隆特产）[一]、新三板挂牌的参仙源参业股份有限公司（以下简称参仙源）[二]、拟重组上市的广西康华农业股份有限公司（以下简称康华农业）[三]、拟重组上市的九好网络科技集团有限公司（以下简称九好集团）[四]。

在分析案例时，先根据高风险特征，找出舞弊公司所固有的高风险领

[一]　振隆特产相关表述和分析所依据的资料来源于证监会处罚决定书和招股说明书（申报稿）。处罚决定书和招股说明书来源于中国证监会网站 www.csrc.gov.cn。

[二]　参仙源相关表述和分析所依据的资料来源于证监会处罚决定书和公开转让说明书。处罚决定书来源于中国证监会网站 www.csrc.gov.cn，公开转让说明书来源于全国中小企业股份转让系统网站 www.neeq.com.cn。

[三]　康华农业相关表述和分析所依据的资料来源于证监会处罚决定书和步森股份重组报告书。处罚决定书和重组报告书均来源于中国证监会网站 www.csrc.gov.cn。

[四]　九好集团相关表述和分析所依据的资料来源于证监会处罚决定书和鞍重股份重组报告书。处罚决定书和重组报告书均来源于中国证监会网站 www.csrc.gov.cn。

域，以及舞弊过程中所暴露出的异常信号，再根据"舞弊恒等式"，进一步分析虚构的利润与资产负债表的对应关系。

9.3.1　振隆特产

9.3.1.1　基本情况

公司主营业务为籽仁系列产品及其他干果、坚果类产品的加工与销售，公司产品以出口为主，主要包括南瓜子仁、松子仁、葵花籽仁等籽仁类产品，开心果等坚果类产品，南瓜子、南瓜面等南瓜系列综合利用产品，以及豆类、杂粮等其他产品。

振隆特产于 2013 年至 2015 年向证监会申报的 4 份招股说明书存在虚假记载。在证监会对振隆特产进行专项财务检查并发现异常情况后，振隆特产于 2015 年 6 月撤回 IPO 申请。

证监会公布的处罚决定书中，涉及的财务舞弊主要事实如下。

1. 2012 年至 2014 年虚增销售收入和利润

2012 年至 2014 年，振隆特产以虚增合同销售单价的方式累计虚增出口销售收入 8268.51 万元。其中，2012 年、2013 年、2014 年分别虚增收入 662.04 万元、1813.51 万元、5792.96 万元，并相应虚增各年利润，虚增利润金额分别占振隆特产当年账面利润总额的 8.61%、20.81%、67.33%。振隆特产在虚增收入的同时虚增应收账款，并通过第三方公司回款或用其他外销客户回款进行冲抵的方式调节应收账款的账龄。

2. 2012 年至 2014 年虚增存货少结转销售成本，虚增利润

2012 年至 2014 年，振隆特产通过调节出成率、调低原材料采购单价方式少结转销售成本，通过未在账面确认已处理霉变存货损失的方式虚增利润，累计虚增利润 7616.18 万元，虚增存货数量 3254.13 吨，金额 7631.24 万元。其中，2012 年少结转销售成本 1962.43 万元，虚增利润 1962.43 万元，虚增存货数量 568.57 吨，金额 1962.43 万元；2013 年少结转销售成本 2863.19 万元，虚增利润 2863.19 万元，虚增存货数量 1328.96 吨，金额 2979.23 万元；2014 年少结转销售成本 2790.56 万元，虚增利润 2790.56 万元，虚增存货数量 1 356.6 吨，金额 2689.58 万元。

综上，振隆特产通过虚增合同销售单价，调节出成率、调低原材料采购单价、未在账面确认已处理霉变存货损失的方式虚增利润，虚增利润金额分别占 2012 年、2013 年、2014 年利润总额的 34.13%、53.66%、99.76%。

9.3.1.2　舞弊分析

1. 舞弊风险领域

振隆特产为从事农产品初加工的涉农企业，具体存在的高风险领域包括：公司以出口外销为主，更容易虚构与海外客户的交易；其原材料主要向产地农户和协议基地农户采购，供应商的规范性差，容易串通或虚构交易；农产品初加工的业务流程相对简单，并且南瓜子仁和松子仁等相关存货的结余数量和结余价值都比较难以查证。

营业收入虚增和营业成本虚减，势必导致毛利率的异常上升。同时，某些经营性指标也存在异常，例如产能利用率超过 100%、出仁率逐年上升、副料异常减少、用电量异常等。以上，在财务分析过程中应该都属于难以进行合理印证的数据。

2. 舞弊恒等式分析

如表 9-2 所示，根据振隆特产公开的舞弊内容，按舞弊恒等式进行相关的报表分析。

公司通过"自我交易"虚增了应收账款和存货。应收账款虚增，是利用外销客户虚增了销售单价，似乎并没有虚构客户，也没有虚增销售数量。存货虚增，则是通过调节出成率、调低原材料采购单价方式降低产成品的单位成本，进而少结转销售成本，导致期末存货数量和金额的虚增。

表 9-2　对振隆特产舞弊的报表分析

舞弊内容	利润表影响	资产负债表影响
	虚增利润	虚增资产 / 虚减负债 / 虚减权益
以虚增合同销售单价的方式累计虚增出口销售收入，在虚增收入的同时虚增应收账款，通过第三方公司回款或用其他外销客户回款进行冲抵的方式调节应收账款的账龄	营业收入 8268.51 万元	应收账款 8268.51 万元
通过调节出成率、调低原材料采购单价方式少结转销售成本，存货存在严重的亏空，通过未在账面确认已处理霉变存货损失的方式虚增利润	营业成本（可能包括资产减值损失）7616.18 万元	存货 7631.24 万元

9.3.2　参仙源

9.3.2.1　基本情况

参仙源为新三板挂牌公司，股票代码 831399，主营业务为野山参的种植和销售。公司通过购买的方式获取大量山林，对山林进行维护，采购人参种子，并对种子进行培芽处理，然后将种子种入山林当中，对人参幼苗进行适当的透光、剪草等管理，使其生长 15 年以上，这样才能长成符合国家标准的野山参用于出售。

2014 年 12 月，公司正式在新三板挂牌。2015 年 7 月，证监会决定对其进行立案调查。

证监会公布的处罚决定书中，涉及的财务舞弊主要事实如下：

（1）2013 年参仙源少计成本 55 382 210 元，导致虚增利润 55 382 210 元。

参仙源在 2013 年与仲某同、佳业山货庄签订多份人参抚育协议，支付金额 55 382 210 元，但上述款项的实际用途为购买由仲某同、佳业山货庄联系货源的野山参。两者合计购买整参 126 080 支，碎参 5410.37 斤⊖，金额

⊖　1 斤 =0.5 千克。

55 382 210 元。参仙源通过虚构协议，将上述外购野山参的成本 55 382 210 元以支付人参抚育费的名义支付给佳业山货庄和仲某同等人，计入了"管理费用"，后该笔"管理费用"被调整至"生产性生物资产"科目。最终销售时，参仙源未对外购野山参的成本进行结转，少计成本 55 382 210 元，虚增利润 55 382 210 元。

（2）2013 年参仙源虚增收入 73 729 327 元，导致虚增利润 73 729 327 元。

参仙源与辽宁参仙源酒业有限公司（以下简称参仙源酒业）于 2012 年 12 月 15 日签订购销协议，就参仙源长期向参仙源酒业供应野山参达成 3 年有效期协议，明确了人参数量、单价等。该合同签订之时，参仙源和参仙源酒业同受北京碧水投资有限公司（以下简称碧水投资）控制，两公司的法定代表人同为于成波，于成波还是碧水投资的董事长。2013 年 7 月 1 日，碧水投资持有的参仙源酒业股份由 100% 变为 49%（北大国际医院集团有限公司持股 51%），参仙源总经理由碧水投资实际控制人于成波担任，依旧对参仙源酒业施加重大影响。2014 年 11 月 1 日，碧水投资恢复持有参仙源酒业 100% 的股份。

2013 年参仙源与参仙源酒业构成关联方，两者之间的交易构成关联交易。2013 年参仙源向参仙源酒业销售的野山参绝大部分是外购的野山参，参仙源按照整参每支 800 元，碎参每斤 2000 元的价格确认了对参仙源酒业的销售收入，销售价格高于其从上述独立第三方的采购成本近一倍，销售价格虚高、不公允。参仙源《公开转让说明书》中 2013 年度财务报告显示：该公司 2013 年主营业务收入 197 698 264.28 元，主营业务成本 55 010 532.41 元。其中，野山参销售收入为 141 582 800 元，成本 11 236 681.71 元。根据销售明细，销售给参仙源酒业的野山参收入为 141 568 800 元。所有被销售的野山参来源均显示为自产人参，实际上绝大部分为前文所述的外购野山参。依照参仙源采购野山参的市场价计算，其销售给参仙源酒业的野山参合计可确认收入实际为 67 839 473 元，参仙源虚增收入 73 729 327 元，导致虚增利润 73 729 327 元。

9.3.2.2　舞弊分析

1. 舞弊风险领域

参仙源属于典型的农业生产企业。公司"人参抚育费"采购的交易对手是个人或个体工商户，极易通过虚假的资本性采购形成体外资金；公司销售的主要客户为受同一控制人控制的关联方，极易通过不公允销售输送利润；野山参种植在"深山老林"中，其种植、抚育、收获的过程难以察看；野山参的品相、等级、销售价格等都难以认定；野山参的产量与成本无直接对应关系，所以虚构收入即形成虚构利润。

对于农业企业，"生产性生物资产"的大幅增加，在任何情况下都是值得警惕的迹象。从关联交易公允性角度，也可以发现其销售价格存在的异常。同时，营业收入的虚增和营业成本的虚减，势必也会导致毛利率的异常上升。以上，在财务分析过程中应该都属于难以进行合理印证的财务数据。

2. 舞弊恒等式分析

如表 9-3 所示，根据参仙源公开的舞弊内容，按舞弊恒等式进行相关的报表分析。

表 9-3　对参仙源舞弊的报表分析

舞弊内容	利润表影响	资产负债表影响
	虚增利润	虚增资产 / 虚减负债 / 虚减权益
通过虚构协议，将外购野山参的成本以支付人参抚育费的名义支付，计入"生产性生物资产"科目。最终销售时，未对外购野山参的成本进行结转，少计成本虚增利润	营业成本 5538.22 万元	生产性生物资产 5538.22 万元
将绝大部分为前文所述的外购野山参加价一倍后销售给实际控制人控制的公司。依照参仙源采购野山参的市场价计算，超出采购价的销售即为虚增收入	营业收入 7372.93 万元	资本公积（权益性交易）7372.93 万元

参仙源的虚增利润来自两部分,一是通过"费用资本化",将采购成本包装为"生产性生物资产";二是实际控制人通过不公允交易制造销售毛利。参仙源的舞弊,完全是建立在自产野山参的产量难以核实的基础之上。

9.3.3 康华农业

9.3.3.1 基本情况

康华农业致力于从事优质水稻等农作物生态化、规模化、标准化种植以及自产优质稻谷等农产品销售,主要产品为普优稻及特优稻等食用稻谷、种用稻谷和种植的轮作作物马铃薯。

康华农业拟"借壳"步森股份(002569.SZ)。2014 年 8 月,步森股份公布了《重大资产重组报告书(草案)》;2014 年 9 月,相关重组材料报送证监会;2015 年 3 月,经证监会批准后重组终止;2015 年 5 月,重组事项被证监会立案调查。

证监会公布的处罚决定书中,涉及的财务舞弊主要事实如下。

1.康华农业虚增资产

康华农业 2011 年财务报表虚增资产 204 451 195.14 元,占康华农业披露当期总资产的 47.54%;2012 年财务报表虚增资产 339 713 667.53 元,占康华农业披露当期总资产的 53.91%;2013 年财务报表虚增资产 470 469 226.00元,占康华农业披露当期总资产的 52.87%;2014 年 1 月 1 日至 2014 年 4 月30 日财务报表虚增资产 503 309 782.17 元,占康华农业披露当期总资产的53.00%。具体情况如下。

(1)康华农业虚增银行存款。

康华农业银行存款余额真实情况为:2011 年 12 月 31 日余额 665 799.21 元,2012 年 12 月 31 日余额 1 224 830.36 元,2013 年 12 月 31 日余额 2 471 400.47元,2014 年 4 月 30 日余额 542 971.71 元。

康华农业披露的银行存款余额数据为：2011 年 12 月 31 日余额 164 614 733.71 元，2012 年 12 月 31 日余额 310 929 797.69 元，2013 年 12 月 31 日余额 421 070 391.27 元，2014 年 4 月 30 日余额 498 577 875.88 元。

（2）康华农业虚增应收账款。

康华农业虚构与桂林绿苑米业有限公司（以下简称绿苑米业）、佛山市穗丰园粮油有限公司（以下简称佛山穗丰园）、佛山市南海区有米源米业加工厂（普通合伙）（以下简称佛山有米源）、广州穗港米业有限公司（以下简称广州穗港）、三亚金稻谷南繁种业有限公司（以下简称三亚金稻谷）、广西万里种业有限公司（以下简称广西万里）、中山市聚丰园粮油食品有限公司（以下简称中山聚丰园）、江门市新会区司前粮食储备加工公司（以下简称江门粮食）等 8 个客户间的应收账款，虚增应收账款余额 5 274 878 元（2014 年 4 月 30 日）。

2. 康华农业虚增营业收入

康华农业 2011 年财务报表虚增营业收入 147 524 498.58 元，占康华农业当期披露营业收入的 34.89%；2012 年财务报表虚增营业收入 183 114 299.70 元，占康华农业当期披露营业收入的 36.90%；2013 年财务报表虚增营业收入 238 408 819.30 元，占康华农业当期披露营业收入的 42.62%；2014 年 1 月 1 日至 2014 年 4 月 30 日财务报表虚增营业收入 41 289 583.20 元，占康华农业当期披露营业收入的 44.25%。

9.3.3.2 舞弊分析

1. 舞弊风险领域

康华农业属于典型的农业生产企业。公司采购的交易对手中包括村委会、农业合作社或农机合作社等，规范性差，容易形成串通交易；公司销售的主要客户为地区性的稻谷加工和销售企业，经营规范性较差，容易形成串通或虚构交易；水稻种植过程中，相关的土壤改良和地力提升、稻田的产能产量、稻谷的种类品级等都难以察看；稻谷的产量与成本无直接对应关系，所以虚构收入即形成虚构利润。

公司稻谷的销售价格远高于同地区的市场收购价格，但公司产品并非特别知名的品牌，高售价明显异常。营业收入的大幅虚增，势必导致毛利率的异常上升。同时，从合理性的角度，公司银行存款持续巨大，但同时又存在较大的长期银行借款，并且巨额存款产生的利息收入几乎可以忽略不计。以上，在财务分析过程中应该都属于难以进行合理印证的财务数据。

2. 舞弊恒等式分析

如表 9-4 所示，根据康华农业公开的舞弊内容，按舞弊恒等式进行相关的报表分析。

表 9-4　对康华农业舞弊的报表分析

舞弊内容	利润表影响	资产负债表影响
	虚增利润	虚增资产 / 虚减负债 / 虚减权益
康华农业虚构与绿苑米业、佛山穗丰园、肇庆穗丰源、佛山有米源、广州穗港、广西万里、江门粮食等 7 个客户的销售业务，虚增营业收入	营业收入 61 033.72 万元	银行存款 49 803.49 万元 应收账款 527.49 万元

康华农业通过虚增收入来虚增利润，涉及的 7 家客户不存在任何真实销售，很可能属于其控制的或者直接虚构的客户。收入的虚增，原则上会涉及虚增稻谷的产销量。虚增的业绩大部分直接虚增了银行存款（由于处罚决定中披露不够完整，除银行存款和应收账款之外，应该还存在其他虚增部分）。这种触目惊心的舞弊，没有银行的配合是很难完成的。

9.3.4　九好集团

9.3.4.1　基本情况

九好集团是一家从事"后勤托管平台"服务的大型企业集团，首创后勤托管平台服务模式。九好集团并非直接提供后勤服务，而是通过搭建后勤托管平台引进供应商（后勤服务提供商）和客户（有后勤外包需求的企业），并依托专业化的业务团队，为后勤需求方提供综合化的后勤服务解决方案。

九好集团拟"借壳"鞍重股份（002667.SZ）。2016 年 4 月，鞍重股份公布了《重大资产重组报告书（草案）》；2016 年 5 月，相关重组材料报送证监会；2016 年 5 月，重组事项被证监会立案调查；2016 年 7 月，经证监会批准后重组终止。

证监会公布的处罚决定书中，涉及的财务舞弊主要事实如下：

2013 年至 2015 年，九好集团通过各种手段虚增服务收入 264 897 668.7 元，虚增 2015 年贸易收入 574 786.32 元，虚构银行存款 3 亿元，未披露 3 亿元借款及银行存款质押。

1. 九好集团虚增服务费收入的基本情况

平台服务费收入和贸易收入是九好集团收入的两大重要来源。根据九好集团提供的服务费计算方法及会计政策，结合现场检查，向九好集团账面记载的供应商、客户走访，与财务人员核实等方法，认定九好集团存在虚增业务收入的情形。九好集团 2013 年至 2015 年涉嫌通过虚构业务、改变业务性质等多种方式虚增服务费收入共计 264 897 668.7 元，其中 2013 年虚增服务费收入 17 269 096.11 元，2014 年虚增服务费收入 87 556 646.91 元，2015 年虚增服务费收入 160 071 925.68 元。具体如下。

（1）与供应商核实确认的虚增服务费收入金额。

经核实，有 125 家供应商单位或个人通过不同方式确认与九好集团无真实业务往来或者资金往来无真实业务背景，九好集团通过这些供应商三年累计虚增服务费收入 191 524 278.2 元；其中，2013 年虚增金额为 10 354 349.06 元，2014 年虚增金额为 55 694 997.98 元，2015 年虚增金额为 125 474 931.16 元。

（2）与客户核实确认的虚增服务费收入金额。

经对九好集团 84 家供应商对应的 46 家客户进行实地走访核实，确认自身与九好集团业务台账所显示供应商无业务往来，或双方之间的业务与九好集团无关。九好集团通过这 84 家供应商虚增服务费收入 50 991 653.19 元，其中 2013 年虚增金额 4 570 747.05 元，2014 年虚增金额 26 151 552.62 元，2015 年虚增金额 20 269 353.52 元。

（3）经过九好集团员工核实并且通过资金循环证据印证的虚增服务费收入金额。

经向九好集团相关员工核实，九好集团存在帮助供应商套取资金并充当掮客的灰色业务模式，此类业务模式并不在九好集团的经营范围内，但九好集团通过和供应商签订虚假业务合同来确认服务费收入，九好集团与 19 家供应商之间的业务均属于此类性质。经查，九好集团收到这些供应商支付的服务费款项，均通过其控制使用的个人银行账户循环退回至供应商法定代表人或其指定银行账户。无论是从会计准则规定的收入确认条件来看，还是从此类业务的法律形式和经济实质来看，上述业务往来均不应确认为服务费收入。九好集团通过这 19 家供应商虚增 2013 年服务费金额 2 344 000 元，虚增 2014 年服务费金额 5 710 096.31 元，虚增 2015 年服务费金额 14 327 641 元。

2. 九好集团虚增贸易收入的基本情况

杭州融康信息技术有限公司（以下简称融康信息）与九好集团之间存在资金循环。经向融康信息公司法定代表人刘某某核实，双方的业务模式是融康信息向九好集团采购货物，2015 年融康信息向九好集团采购的货物未收货，支付的货款已退回。九好集团在财务处理上仍然确认融康信息 574 786.32 元的销售收入及应收账款收回，虚增 2015 年销售收入 574 786.32 元。

3. 九好集团虚构 3 亿元银行存款，未披露 3 亿元借款及银行存款质押事项的相关事实

九好集团审计报告中披露的 2015 年 12 月 31 日合并资产负债表显示，2015 年年末货币资金余额为 531 226 736.82 元。经查，其中 3 亿元银行存款系由九好集团通过借款形成，且在披露时点处于质押状态，九好集团未披露该借款及存款质押事项。具体事实如下。

（1）九好集团虚构 3 亿元银行存款。

2015 年 1 月，九好集团在账面虚构 1.7 亿元其他应收款收回，虚构银行存款转入 47 702 412.00 元，同时转出 1 亿元资金不入账，账面形成虚假资金 317 702 412.00 元。

为掩饰上述虚假账面资金，九好集团在账面虚假记载 2015 年 3 月 31 日 317 702 412.00 元资金从九好集团平安银行账户划转至九好集团上海银行账户。此外，九好集团还在上海银行账户虚构郭丛军 3 月 26 日退回购房款 1170 万元，虚假账面资金扩大至 329 402 412.00 元。

2015 年 3 月 31 日，杭州好融实业有限公司（以下简称好融实业）向九好集团上海银行账户转入资金 1.6 亿元（共两笔，分别为 4495 万元、1.1505 亿元）。九好集团在账面虚假记载收到上海九好等单位其他应收款 138 009 025.38 元；经过三次红字冲销后，虚假记载收到上海九好等单位其他应收款 130 597 588.00 元，少计收回 29 402 412.00 元。至此，九好集团在账面仍然存在 3 亿元虚假资金。

（2）九好集团为掩饰虚构的 3 亿元银行存款而借款 3 亿元并进行存单质押，且借款和质押行为未对外披露。

九好集团从 2015 年 3 月开始通过外部借款购买理财产品或定期存单，于借款当日或次日通过将理财产品或定期存单为借款方关联公司质押担保，并通过承兑汇票贴现的方式将资金归还借款方，从而在账面形成并持续维持 3 亿元银行存款的假象。

2015 年 3 月 24 日、25 日，九好集团通过好融实业、杭州煜升科技有限公司（以下简称煜升科技）及郭丛军向杭州赛诺索斯进出口贸易有限公司（以下简称赛诺索斯）两次借款 1.5 亿元（合计 3 亿元），再由好融实业、煜升科技及郭丛军账户转入九好集团上海银行账户，然后用此资金两次购买期限为 182 天的上海银行"赢家公司客户人民币封闭式理财产品" 1.5 亿元（合计 3 亿元）。2015 年 3 月 25 日，九好集团以其 3 亿元理财产品为赛诺索斯提供担保，赛诺索斯开具银行承兑汇票 3 亿元（两张承兑汇票，每张金额 1.5 亿元）并随即贴现，贴现款直接归还赛诺索斯。贴票利息 1 253 850.00 元，由杜晓芳代替九好集团向赛诺索斯支付。2015 年 9 月，上述 3 亿元银行理财产品到期后，上海银行将理财产品资金解付直接归还银行存兑汇票。

2015 年 9 月 22 日，九好集团又在杭州鑫合汇互联网金融服务有限公司（以下简称鑫合汇）的安排下，向宁波盈祥投资管理合伙企业（有限合伙，以下简称宁波盈祥）借款 1.5 亿元转入九好集团兴业银行账户。当日，九好集团把 1.5 亿元活期存款转化为半年期定期存单（期限为 2015 年 9 月 22 日至 2016 年 3 月 21 日），并以该存单为质押物与兴业银行杭州分行签订质押合同，为杭州煊隼贸易有限公司当日开具的 1.5 亿元银行承兑汇票提供担保，兴业银行当日将该存单入库保管。当日，该票据贴现后资金还回宁波盈祥。2015 年 9 月 23 日，九好集团再次重复上述过程，在兴业银行形成 1.5 亿元定期存款（期限为 2015 年 9 月 23 日至 2016 年 3 月 22 日），并继续以存单质押、票据贴现的方式将借款于当日还回宁波盈祥。在上述操作过程中，九好集团通过杜晓芳账户向鑫合汇下属中新力合股份有限公司支付现金流服务费 18 万元，向宁波盈祥支付"利息、融资服务费" 12 万元。2016 年 3 月，九好集团 3 亿元银行存单到期后，被兴业银行直接解付承兑汇票。九好集团随即再次采用上述操作方式形成 3 亿元银行存款。

综上，九好集团于 2015 年 1 月虚构 3 亿元银行存款，2015 年 9 月 22 日、23 日通过借款形成 3 亿元银行定期存单，截至 2015 年 12 月 31 日上述 3 亿元银行存单处于质押状态，但九好集团在公开披露的《审计报告》附注及《重大资产重组报告书》中均未披露上述 3 亿元借款及 3 亿元定期存单质押事项。

9.3.4.2　舞弊分析

1. 舞弊风险领域

九好集团的平台服务费模式，由于交易不存在实物流转，业务收入主要是根据平台形成的供应商和客户之间的居间撮合交易而抽取的相关服务费。服务收入没有对应的直接成本，容易虚构利润。同时，作为业务源头的平台供应商总体数量较多，但单一规模较小，九好集团作为平台方相对强势，容易使供应商与其串通共谋。

从道理上，因为每笔业务都会涉及供应商、平台商和客户三方，交易环节并不简单，交易资金需要正常周转，并且单一业务的收入金额并不高，所以，九好集团的平台模式并不属于传统的舞弊高风险领域。

2. 舞弊恒等式分析

如表 9-5 所示，根据九好集团公开的舞弊内容，按舞弊恒等式进行相关的报表分析。

表 9-5　对九好集团舞弊的报表分析

舞弊内容	利润表影响 虚增利润	资产负债表影响 虚增资产 / 虚减负债 / 虚减权益
2013 ～ 2015 年，通过虚构业务虚增服务费收入。九好集团的业务模式，主要为应向供应商收取的平台服务费，虚构业务，即供应商与九好集团无真实业务往来或者资金往来无真实业务背景，共涉及供应商 209 家	营业收入 24 251.59 万元	
2013 ～ 2015 年，通过改变业务性质虚增服务费收入，即九好集团存在帮助供应商套取资金并充当掮客的灰色业务模式，其通过和供应商签订虚假业务合同来确认服务费收入，共涉及供应商 19 家	营业收入 2238.17 万元	银行存款 3 亿元
2015 年，融康信息向九好集团采购的货物未收货，支付的货款已退回。九好集团在财务处理上仍然确认融康信息的销售收入及应收账款收回	营业收入 57.48 万元	

根据九好集团的业务模式，虚构的营业收入主要为应收供应商的平台服务费，没有直接对应的成本而全部形成了报表利润。由于处罚决定中披露不够完整，无法清楚其虚构业务所对应资金的流出和流入的具体路径，也不清楚虚构银行存款超出营业收入的部分所对应的具体交易。但可以推测，九好

集团似乎是在账外准备了一笔 3 亿元的资金用于长期的、系统的虚构业绩。

该案与常见的舞弊特点不同，一是造假涉及面非常广泛，共涉及 228 家真实供应商，且单笔金额并不大；二是并非直接虚构银行存款，而是通过一些资金机构的过桥借款，以定期存单质押开具承兑汇票等金融手段间接虚增存款，资金造假手法专业性很强。

9.4　我们为什么抓不住舞弊

无论我们作为会计师、投行人员还是 PE 人士，在财务分析的道路上都始终与各类财务舞弊相伴同行，斗智斗勇。无须讳言，即使作为掌握了标的公司大量信息的专业人士，智商不低，情商也不低，我们也经常掉进财务舞弊的陷阱。痛定思痛，我们为什么总"抓不住"舞弊呢？

对舞弊的认识、判断和处理，对专业人士而言有一个循序渐进的过程。初入职场，宛如"小白兔"，天蓝云白，世界美好，财务舞弊书本上学过，故事里听过，就是自己没见过。不被舞弊欺骗几次，不来几次痛苦的复盘，风险意识根本不可能生根发芽。懵懵懂懂被骗几次，"小白兔"进化变成了"大黑牛"，满眼都是舞弊，世界相当阴暗，深信"细节决定成败"，经常执着于程序的完备和证据的齐全，殊不知舞弊者最擅长满足的就是程序性要求，于是很容易被牵住了鼻子，一身蛮劲经常撞上棉花墙。眼睁睁又被骗了几次，"大黑牛"摇身变成了"老狐狸"，眼中的世界不美好也不阴暗，熟悉风险并能够识别风险，有自信与风险从容共舞。"老狐狸"容易犯的错误，是风险处置的问题，主观上不愿意放弃交易的机会，又过于相信控制舞弊的能力，所以有时候会低估潜在的风险，最终导致对舞弊产生错误的判断。

9.4.1　我们的风险意识不够

我们面对的标的公司是上市实体，它们是最好的公司，也是"最坏的"

公司，它们受公众瞩目，已经与资本紧密结合，时常高度渴望利润。套用一下舞弊"三角论"的压力、机会和借口。

1. 压力

上市公司的经营业绩压力，来自于避免"戴帽""保壳"或再融资、市值管理等行为；新三板公司则来自于定向增发、进入"创新层"的业绩指标等；IPO 公司十分期望保持业绩在审核期内持续增长，以便顺利通过审核并发行上市；引入外部资本的公司，则往往急于完成与投资机构的业绩对赌。所以，毫不夸张，很多客户都面临着生死攸关的业绩压力。

2. 机会

我们的上市实体，多是一股独大，治理层与管理层高度重合，老板命令必须执行，内控经常被系统性超越且无人在意。在这样的环境中，从公司治理、内部控制等角度探讨如何防止舞弊，是非常幼稚的想法。

3. 借口

管理层舞弊，经常等同于大股东舞弊，大股东甚至会有一些道德高尚感：我愿意为公司输血也算舞弊吗？公司上了市不是大家都有好处？我这不是自己担风险来为全体股东做贡献吗？撑过这一关，业绩一定会好起来，但结果经常是事与愿违。

"压力山大"、机会通畅、借口堂皇，在正常经营无法满足的情况下，通过财务舞弊创造利润经常会成为现实的选择。夸张一点，这是一个舞弊丛生的世界，处处都是财务"陷阱"。只有意识到这一点，你才会时刻警惕，时刻保持职业怀疑。

一般而言，重大财务舞弊都是多岗位参与、全流程跑通的系统性舞弊，系统性舞弊是处于水面下的暗礁，要想找到它们，前提是识别出露出水面的舞弊预警信号，其中的关键，一是要高度关注财务分析过程中不能合理印证的经营或财务数据，二是要深入理解财务舞弊的高风险领域并予以重点分析。

9.4.2 我们经常囿于程序完备

锚定了舞弊预警信号，接下来肯定是"顺藤摸瓜"了。假定我们的标的公司是非常开放的，愿意配合我们执行进一步的详细分析程序，甚至是审计程序，并以此来打消我们的顾虑。从逻辑上，如果程序已经充分执行，我们还是没有发现直接的证据，那么就应该排除对方的舞弊嫌疑；如果我们发现了有力的证据，那么就应该认定为存在舞弊，相当于通过程序直接抓住了"舞弊之手"。但事实是这样的吗？

假定我们决定进一步实施详细的财务分析和审计程序。全部程序的本质，是一个在企业内部、企业外部两个层面同时开展，用所获取的相关数据对财务报表进行核对、核查的过程。

企业内部层面，包括财务数据之间、财务与业务数据之间、不同业务数据之间的核对核查。对于财务数据之间的核对，在 ERP 环境下，财务和业务数据的来源是统一的，其数据的核对基本是无用功。不同业务数据之间的核对理论上是有效的，比如，产量与产能的关系、产量与原材料的单耗关系、产量与能源耗用量的关系等。数据关系的异常可以进一步印证舞弊，但很难做到无懈可击。产能利用率波动，可以解释成生产线冗余设计；原材料或能源耗用量的波动，可以解释为技术改造或不良品控制。总之，除非一些相当夸张已无法解释的情况，内部层面能够得出的结论，大多数情况下很可能还是一个舞弊线索。

外部层面，即内部数据和外部数据之间的核对，相对于内部数据，外部数据来源于第三方，其证明力大大提升。但在实际操作中，我们的外部证据，如函证回函、访谈问卷等，多数情况下是第三方自述性的，我们是请求而不能强制第三方的配合，期望但不能控制第三方如实提供证据。我们不会"读心术"，也没有监管部门的稽查或者执法的硬性手段。总体上说，我们的手段都是柔性的，其提供的证明力经常也是有限的。

对于外部证据取得，核查资金流水、走访交易对手、检查关联方财务数据是我们可以使用的额外手段。但是在实际操作中，也经常是绵软无力的，比如核查资金流水，你发现销售回款不是来源于客户，舞弊者可以轻松拿出三方代付协议；比如走访客户，客户总能诚恳地说出舞弊者想要的话；再比如，检查关联方财务数据，这种延伸检查也不太可能达到与核查客户同等的程度。

从程序和证据的角度，在很多程序无法深入的情况下，也就谈不上真正的穷尽程序。反过来，即便做了表面完备的程序，得到的也可能是"无依无靠"的证据。所以，如果我们过于依赖程序和证据来判定舞弊，则很有可能被舞弊者用似是而非的证据来得以脱身。

此外，从揭露出来的财务造假案例来看，大部分似乎通过常识就可以得出判断，重视程序和证据而忽略了常识，这也是经常让我们扼腕叹息的错误。但是，常识是一层窗户纸，捅破了大家都明白，没捅破大家都看不透。

9.4.3　我们缺乏对关键数据的认定能力

对于大多数行业来说，如果不长期混迹其中，就不可能对行业运行和数据有真正的了解，换句话说，我们精通财务，但很可能并不是真正的行业专家，对财务和经营数据的真实性缺乏准确的认定能力。比如，与同行业财务或非财务指标的印证是发现舞弊的有效工具，但我们经常不知道行业的核心经营指标是什么，指标正常值在哪里，偏离的原因最可能是什么。以最常用的毛利率指标为例，发现其明显高于同行业，舞弊方也很容易从上下游渠道、生产工艺、产品结构、管理水平等方面给你提供听上去头头是道，实际上若有若无的分析。

还有一些特殊行业，正常的延伸性程序我们都难以完成，更不要提抓住舞弊了。比如，农林牧副渔行业的存货验证，历来为业界诟病。种植野山参的参仙源被证明财务造假，其为吸引投资者参与定增，通过将外购野山参包装为自产野山参进行销售而大幅虚增业绩。试想一下，自产和外购的野山参在"卖相"上有区别吗？在广阔的森林里，我们拿什么方法来确定这些野山参的产量和品级？再比如，互联网行业的"刷单"造假也是近期的一个热点，"刷单"已经常态化、流程化和组织化，"刷单"是一种互联网环境下的不当营销手段，但形成的客观结果是公司自行掏钱买利润，是不折不扣的财务舞弊。某新三板公司在其公开转让说明书中自曝存在大规模"刷单"，让人惊愕，也让人深思，一个行业长期存在的问题，为什么只有这一家自曝家丑呢？如果不是人家主动承认，我们有能力去把"刷单"全部扒出来吗？

平心而论，如果这种关键性证据都没有专业手段保证，我们对某些行业的财务分析几乎就完全成了碰运气的事情了。

9.4.4 我们经常心存侥幸

如果你已是"老狐狸"的阶段，只要放平心态、相信常识，通过财务分析，发现舞弊迹象，甚至"抓住"舞弊并不是很困难。但是，无论是审计还是投资银行，我们都是乙方，就算我们是掏钱的投资机构，在热门的标的公司面前也经常处于相对弱势地位。多数情况下，当舞弊能够认定的时候，我们的工作已投入了很多的人力和精力，主观上我们不愿意轻易放弃与客户交易的机会。

在这种情况下，我们开始衡量风险和收益的关系，我们充满哲理地对自己说：任何业务都是有风险的，如果不承担一定的风险，业务就完全没办法干了；这个虽然有问题，但客户也有"苦衷"，只要将已发现的问题予以纠正，后面保证不再犯同样的错误，风险就是可以控制的，是能够承受得了的。但是，风险的界限到底在哪里？我们真的能够透过舞弊看清楚公司的真正面目吗？过去的舞弊真能和没有发生过一样吗？同样的舞弊未来肯定就不会重复上演吗？大多数时候，我们往往是心存侥幸，或者不过是盲目相信自己控制风险的能力而已。

之所以会被蒙蔽，还有一个"感情"的问题。多数老板都是有人格魅力的人，你发现了问题，如果他大打"感情牌"，诚恳地给你解释这就是实际情况，一而再再而三地解释，说到最后，你甚至会模糊了常识，放松了警惕，甚至怀疑自己是不是过于多疑了。

9.4.5　我们应该怎么做

风险意识的不足，财务分析及相关程序的不给力，行业专业技能的欠缺，导致我们经常不能够"抓住"舞弊。但是，回过头来想一想，我们为什么一定要"抓住"舞弊呢？我们是侦探吗？我们一定要"人赃俱获"，一定要舞弊者"立地成佛"吗？

我们和舞弊者之间，其实只是一种商业关系，如果我们不能发现或有意回避存在的舞弊，交易完成后一旦暴露或再次发生，我们所获得的收益与风险相比是微不足道的。所以，我们应该着重于风险判定而不需要穷尽程序，只要经验和常识告诉我们存在系统性舞弊，我们就没必要再纠结于程序和证据的完备。如果我们不是非常可靠的行业专家，我们就应该远离那些"上山下海"的业务。

当然，也不排除舞弊者只是"无知无畏"的偶尔为之，我们愿意相信经营者的诚信，经权衡后决定还是要继续交易。这种情况下，需要考虑历史上的财务舞弊对财务分析带来的风险。

1. 能否解决会计差错问题

存在财务舞弊的，历史财务数据很可能存在重大会计差错。如果能够完整掌握舞弊事项及相关会计影响，我们就可以对相关调查期间的财务报表做出更正，并对更正后的财务报表进行下一步的财务分析。但是，在一些情况下也有可能已无法恢复真实的数据，相关分析也就无法可靠进行。

2. 舞弊性质是否影响交易

我们与标的公司达成交易，最终目的可能是协助其 IPO 或并购上市，也可能是股权市场或股票市场的财务投资。出于未来能够顺利达成交易的目的，我们需要深入判断舞弊事项的影响。例如，基于未来上市的公司，其舞弊事项暴露的管理层诚信问题、会计规范性问题、内部控制问题等很可能会形成上市的实质性障碍。基于未来股票升值的上市公司，其历史上的财务舞弊事项一旦暴露，可能会导致股价大跌，可能会导致其发生重大重组，甚至有可能导致其被监管层勒令退市。

最后，需要指出的是，财务分析只是一种分析财务报表的技术方法，不是万能的，更不是抓住财务舞弊的"神器"。在实际运用中，一方面，财务分析依赖于充分有效的数据，但我们经常无法取得足够的、真实的相关数据；另一方面，财务分析依赖于我们的判断和推理，但这往往会受到不同分析者的经验、能力甚至性格的影响。上述缺陷的存在，就有可能导致财务分析不能发现舞弊，或者不能对财务质量形成正确的结论。